Lt-Colonel PÉROZ

France et Japon en Indo-Chine

R. CHAPELOT & Cie
30, Rue Dauphine
1906

France et Japon en Indo-Chine

DU MÊME AUTEUR

LIBRAIRIE R. CHAPELOT ET Cie

La tactique dans le Soudan. In-8.
(Ouvrage honoré d'une médaille d'or par la Commission académique de la Marine).

La marine italienne. In-8. Id.

CALMANN-LÉVY ÉDITEURS

Au Soudan français. *Souvenirs de guerre et de mission.* In-8.
(Couronné par l'Académie française).

Au Niger. *Récits de campagne.* In-8.
(Couronné par l'Académie des Sciences morales et politiques).

Par vocation. *Vie et aventures d'un soldat de fortune (1870-1895).* In-12.

LIBRAIRIE CHARLES-LAVAUZELLE

Encore l'armée coloniale. In-8.

807-06. — Coulommiers. Imp. PAUL BRODARD. — 7-06.

Lt-Colonel PÉROZ

France et Japon en Indo-Chine

R. CHAPELOT & Cie
30, Rue Dauphine
1906

INTRODUCTION

Six mois à peine depuis que la paix est conclue entre la Russie et le Japon; moins d'un an après Moukden et Tsou-shima, après les grandes défaites sur terre et sur mer du colosse moscovite. Et déjà l'on a, en France, oublié le Japonais guerrier, le Japonais soldat, le Japonais pétri d'orgueil même avant ses victoires, le Japonais affamé qui cherche autour de lui les terres où l'on mange. Déjà recommence pour nous la vision du Japon des fleurs et des grâces mièvres, alors que sa terre pelée travaille et halète sous l'effort industriel qui prépare des conquêtes nouvelles, et que ses pêchers et ses cerisiers en fleurs sont souillés par les nuées d'escarbilles que soufflent les usines qui forgent sans répit des armes nouvelles.

L'Angleterre vient de resserrer les liens de l'alliance qui l'unissait à l'empire du Soleil-Levant. Entraînés dans l'orbite des « ententes cordiales », nous sommes avec celui-ci en coquetterie réglée. Quant à la Russie, elle s'est rassérénée; et voilà qu'elle sourit au vaniteux bonhomme jaune, avant même qu'ait cessé la cuisson des coups qu'elle en a reçu.

Pour la France, c'est la politique d'après Sadowa.

Bientôt, surgira une affaire du Luxembourg; tout de suite après ce sera quelque histoire de Hohenzollern. Puis, subitement, éclatera contre nous en Extrême-Orient un nouveau 1870.

Car le Japon a faim; et il sera encore affamé demain, malgré la Corée, malgré la Mandchourie.

L'organisation défensive de l'Indo-Chine est-elle de nature à le faire hésiter lorsqu'il estimera le moment venu de se jeter à corps perdu sur cette terre bénie du riz? Qui oserait l'affirmer? Ce qui manque à cette organisation, qui ne le sait : défense maritime fixe et mobile, défense terrestre, tout y est à l'état embryonnaire.

On pensait n'avoir qu'à garder contre le Chinois des frontières terrestres difficiles; et voilà qu'il faut se garer sur deux mille cinq cents kilomètres de côte de l'agression subite des flottes et des armées qui ont vaincu la Russie!

Expliquer dans le détail comment il conviendrait d'organiser cette défense, c'eût été s'égarer inutilement dans le dédale de données et de conceptions techniques arides. Ne valait-il pas mieux montrer la menace inéluctable du Japon, puis établir que, facilement, nous pouvons mettre l'Indo-Chine à même de se créer les possibilités, les moyens de l'affronter?

C'est à quoi tend cet ouvrage.

Il a surtout pour but de démontrer que, prochainement, nous perdrons la perle de nos colonies et le demi-milliard d'affaires qu'elle fait aujourd'hui et le milliard auquel elle atteindra demain, si nous ne consentons pas, sans délai, les sacrifices que nécessite l'assurance de ce riche domaine contre les risques de cette guerre certaine.

Lt-Colonel PÉROZ.

France et Japon
en Indo-Chine

I

La Puissance Japonaise.

Que pèse le Japon dans la politique mondiale, dans la politique européenne en Extrême-Orient, et particulièrement dans la politique française en Asie?

En un mot, que vaut cet adversaire possible, certain, de notre influence, de notre commerce, de nos possessions dans les mers de Chine?

Il n'est, pour répondre à cette question, qu'un moyen : procéder à un inventaire rapide des ressources de toute nature de l'empire du Soleil-Levant.

Voici, en quelques pages, son bilan :

La population du Japon est d'environ 48 millions d'habitants, plus peut-être, pour une superficie totale de 420 000 kilomètres carrés. La superficie de la France est de 528 000 kilomètres carrés, supérieure de plus de 100 000 kilomètres carrés pour une population moindre d'un quart. Cependant, c'est à peine si les 38 millions de Français répartis sur un sol fertile, se prêtant à toutes les cultures vivrières, ne se trouvent pas à l'étroit.

Que doit-il donc en être pour ces 50 millions de Japonais, si sobres soient-ils, qui vivent resserrés sur une terre généralement ingrate, encombrée de montagnes stériles?

L'expansion du Japonais, son débordement au dehors de ses îles est une chose inévitable, inéluctable, mécanique. Pour vivre, il lui faut conquérir des terres nouvelles, des terres fertiles. En outre de la Corée, pays pauvre et d'avenir relativement borné; quelles seront-elles?

L'émigration normale est-elle un remède à cette surpopulation des îles niponnes? Quelques chiffres le diront; mais, dès maintenant, on peut affirmer qu'elle n'y sera jamais qu'un palliatif très insuffisant, et que, par ailleurs, elle constituerait pour les puissances occidentales, si elle s'étendait, un danger économique peut-être aussi grave que la guerre.

D'après le *Stateman's Year-Book* pour 1905 on comptait, au 31 décembre 1903, 149 553 Japonais établis dans des pays étrangers, dont 107 404 aux États-Unis ou dans les colonies des États-Unis, 28 471 en Corée, 8 592 dans la Grande-Bretagne ou dans les colonies anglaises, et 4 716 en Russie ou dans les colonies russes.

Les pays vers lesquels l'émigration nipponne s'est dirigée principalement ont été, en 1902 : la Chine (5 686 passeports), la Russie (c'est-à-dire Mandchourie et province maritime, 4 903 passeports), la Corée (4 843), les îles Hawaï (2 981), les États-Unis (1 986), l'Angleterre (553) et l'Australie (427).

Quelle est la valeur militaire et morale, quel sera le ressort de ce peuple au cas d'une nouvelle guerre? Un aperçu de ses mœurs en donnera suffisante idée.

Si l'on a pu dire de la bataille de Sadowa qu'elle a été gagnée par le maître d'école prussien, la victoire de Moukden doit être mise sur le compte de l'éducation japonaise : c'est le *bouchido*, la base éthique de cette éducation, qui a permis aux soldats du mikado de triompher de leurs terribles adversaires et qui a donné à l'empire du Soleil-Levant la suprématie en Extrême-Orient.

« Le bouchido était, autrefois, le code moral des Samouraïs. De par ses règles, les enfants des classes nobles recevaient une éducation à la fois spartiate et athénienne, composée d'exercices physiques qui les assouplissaient et les fortifiaient, les rendaient indifférents à la douleur et les préparaient au métier des armes, et aussi d'études littéraires qui leur ornaient le goût et l'esprit. Dès leur plus tendre jeunesse, on leur inculquait les principes moraux du bouchido qui leur enseignait toutes les vertus martiales et chevaleresques : le courage, le mépris du danger, le calme en face de la mort, la loyauté, la fidélité et le dévouement au seigneur et au mikado, le devoir de venir en aide aux faibles et de secourir les opprimés ; puis la simplicité, la sobriété, l'hospitalité et la politesse.

« Un autre enseignement du bouchido était celui de l'impossibilité pour un samouraï de survivre au déshonneur : ce fut l'origine du seppoukou ou harakiri, cette forme étrange du suicide qui consiste à s'ouvrir le ventre.

« Malgré ses conceptions exagérées, le bouchido constituait un système éthique de premier ordre, et l'observation rigoureuse de ses principes, jointe à la culture physique et intellectuelle, faisait des samouraï l'élite du peuple nippon. Ils en restèrent la classe dominante jusqu'à la révolution de 1867.

« La transformation fondamentale du Japon amena la création de tous les rouages d'un État moderne, et les samouraï se transformèrent en une armée de fonctionnaires souvent mal rétribués, mais toujours respectés, dévoués corps et âme au service du Daï nippon.

« Le gouvernement en fit surtout des instituteurs et des officiers, des éducateurs du peuple. Et, tout naturellement, à la caserne comme à l'école, ils se mirent à enseigner à leurs élèves les principes moraux de leur caste. Le bouchido, débarrassé de ce qu'il avait d'excessif, adapté aux besoins des deux sexes et de toutes les classes de la population, constitue aujourd'hui le fond moral de l'enseignement japonais.

« C'est lui qui anime les guerriers nippons de cet enthousiasme que connurent nos pères aux jours glorieux de Valmy et de Jemmapes ; c'est lui qui leur inspire cet esprit de sacrifice qui produit les Hirosé et les Sakouraï ; c'est lui qui les remplit de cet amour passionné de la patrie auquel tout vrai patriote ne peut qu'applaudir.

« Autrefois monopole d'une caste privilégiée, le bouchido est devenu le patrimoine de tout un peuple. Il en a fait une nation de samouraï à laquelle les pauvres moujiks, malgré toute leur vaillance, ne sauraient disputer les lauriers de la victoire. »

Certains utopistes avaient pensé que la pénétration européenne au Japon serait rapide, et qu'elle diffuserait dans tout l'empire des idées et des mœurs qui amèneraient promptement ce peuple à des conceptions sociales plus modernes et moins dangereuses.

Or, quelle est cette pénétration, toute localisée du reste dans certains grands centres, où, au demeurant, son action est insignifiante :

En 1903, il y avait 5 815 Européens résidant au Japon. Sur ce nombre on comptait 2 119 Anglais (plus 47 Canadiens et Australiens), 1 597 Américains du Nord, 603 Allemands, 486 Français, 178 Russes, 100 Suisses, 168 Portugais, 82 Austro-Hongrois, 80 Hollandais, 71 Danois, 63 Suédois et Norvégiens, 52 Italiens, 30 Belges, etc. Relativement à 1896, le nombre des Anglais a augmenté de 159, celui des Français de 143, celui des Allemands de 127. En ce qui concerne les Américains du Nord, l'accroissement a été de 572. Par contre l'effectif des résidents russes aurait diminué de 91 personnes pendant la même période.

A la même date, les Asiatiques étrangers domiciliés au Japon étaient au nombre de 7 745, dont 7 351 Chinois, 355 Coréens, 34 Turcs, etc.

Il est presque inconcevable qu'une population, dense à l'égal des provinces les plus grouillantes de l'Europe industrielle, puisse tirer de ce sol exigu et en partie infertile une suffisante subsistance. En effet, l'étendue des terres arables, au Japon (non compris Formose), est de 6 millions d'hectares, soit seulement 15,7 de la superficie totale du pays. Une automobile, marchant à raison de 80 kilomètres à l'heure, ferait en onze heures le tour de ces terres réunies en un seul morceau, raconte un humouriste voyageur américain. Ce territoire cultivable est extrêmement divisé, 55 p. 100 des exploitations comptent moins de 80 ares, 30 p. 100

de 80 à 150 ares, et 15 p. 100 plus de 150 ares, bref, en moyenne, chaque propriétaire ou tenancier ne dispose que d'une surface inférieure à 80 ares. D'après la dernière statistique qui date d'une quinzaine d'années, un peu plus de la moitié du Japon agricole était affermé et le reste cultivé par les propriétaires eux-mêmes.

Le cultivateur nippon est très laborieux; il tourne et retourne sa terre, la fume copieusement, et obtient ainsi la même année, du même champ, plusieurs moissons abondantes. En outre de ceux fournis par la ferme elle-même, le paysan japonais emploie une quantité énorme d'engrais. En 1901, les usines d'engrais chimiques établies dans l'empire du Soleil-Levant ont produit 62 400 tonnes, et il a été employé 151 000 tonnes de déchet de poisson, sans compter 43 000 tonnes importées de Chine. Pour augmenter ses ressources, l'agriculteur japonais exécute des travaux d'industrie domestique dans les loisirs que lui laisse la culture.

Non seulement au Japon la terre est très morcelée, mais, de plus, les exploitations, même les plus petites, sont disséminées en plusieurs parcelles isolées dont la contenance ne dépasse pas cinq ares. Pour remédier à cette situation le gouvernement a promulgué une loi favorisant l'échange des parcelles isolées. Il a pris, d'autre part, dans l'intérêt de l'agriculture, diverses mesures concernant les irrigations et la protection des forêts; de plus, le crédit agricole a été organisé, de nombreuses écoles et des champs d'expériences institués dans les diverses parties de l'empire. Des agronomes parcourent les campagnes; dans des causeries à la portée de tous, ils renseignent les paysans sur l'emploi des engrais et le choix des cultures.

Les principaux produits agricoles du Japon sont le riz, le froment, le millet, le thé, la pomme de terre, le sorgho, le tabac, le coton.

Ce qui confond tout homme pensant, c'est que les gouvernements intéressés à suivre le développement de cet empire, la Russie, l'Angleterre, la France, l'Allemagne, les États-Unis, ne se soient pas alarmés de longue date d'une pareille, d'une si complètement inadmissible situation de tout un peuple, — de cinquante millions d'âmes, — réduit à une portion si congrue qu'elle ne suffirait pas à cinq millions d'Européens.

Le Japonais consomme surtout du riz; or, voici quelle est la production nationale de cette céréale.

En 1904, d'après les statistiques que vient de publier le gouvernement, la récolte n'a été que de 46 475 038 koku, soit environ un million d'hectolitres en déficit. Ce chiffre est toutefois encore de plus de 5 millions d'hectolitres au-dessus de la moyenne des quatre dernières années.

			Hectolitres.
			—
1899.......	39 698 258 koku,	soit environ	71 575 494
1900.......	41 466 714	—	74 763 198
1901.......	46 914 434	—	84 585 942
1902.......	36 947 091	—	66 015 341
1903.......	46 475 038	—	83 783 198

Comment les puissances occidentales qui possèdent en Extrême-Orient des champs de riz, ou de céréales, ou de toute autre production de la terre qui contribue à la nourriture de l'homme, n'ont-elles pas songé depuis longtemps que cette population affamée les convoitait; qu'au jour où elle serait devenue forte assez, elle les leur prendrait, de gré ou de force, de force plutôt.

Son gouvernement a bien essayé, par l'industrie ou par le commerce d'échange, de subvenir à son alimentation; mais quels résultats ont donné ses efforts?

Dans son rapport du 25 août 1905, publié en annexe (n° 391) au *Moniteur officiel du Commerce* du 10 novembre 1904, M. Henri

Cambon, secrétaire de la Légation de France à Tokio, écrit :

« Les efforts que fait le gouvernement japonais pour développer cette industrie (la métallurgie) n'ont pas été jusqu'ici couronnés de succès. La fonderie de Wakamatsu, que l'État avait organisée comme une sorte d'établissement « modèle » et qui semblait pourtant devoir prospérer vu la la proximité du combustible et celle du minerai, n'a fourni à l'industrie aucun produit de qualité suffisante pour se former une clientèle. Cet établissement ne vit que grâce à un emprunt spécial souscrit en vue de subvenir aux frais de cette coûteuse exploitation. La valeur des importations de produits métallurgiques est un signe que la concurrence japonaise n'existe pour ainsi dire pas. »

Et cette note peut se répéter pour toutes les branches d'activité industrielle dans lesquelles les Japonais se sont lancés, sauf la fabrication des allumettes et celle de quelques produits particulièrement appréciés de la clientèle jaune.

On avait fait grand bruit de l'avancement de la situation de leurs chantiers navals. D'aucuns pensaient que, bientôt, grâce à un outillage très perfectionné et à l'art de leurs ingénieurs, les usines maritimes japonaises non seulement suffiraient à l'accroissement et au renouvellement des flottes nationales, mais encore construiraient pour l'étranger. Les données officielles qui suivent montrent combien, au Japon, on est loin encore d'un pareil résultat.

« Le Japon a commencé la construction d'un croiseur cuirassé de première classe dans son chantier naval et arsenal de Kure — le Portsmouth du Japon. Jusqu'à présent, il n'a construit que des croiseurs non cuirassés, mais on croit que la fonderie de Wakamatsu est maintenant capable de produire les plaques requises pour un navire cuirassé. Qu'il en soit ainsi ou non, on se rappelera qu'il y a quelques mois à peine plusieurs milliers de tonnes d'acier de blindage (armour steel) ont été encore achetés aux États-Unis. Le progrès de la construction du navire mis en chantier sera suivi avec grand intérêt, car c'est surtout en construisant lui-même que le Japon peut en partie se tenir à la hauteur de l'accroissement des marines européennes. »

Ainsi, après avoir à grande peine produit, pendant de longues années, quelques rares bâtiments légers, l'amirauté japonaise s'est enfin décidée à essayer ses moyens dans la construction de grands navires, de cuirassés.

« On va commencer immédiatement (à Yokosouka) la construction d'un cuirassé de 19 000 tonnes ; vitesse 18 nœuds 25 ; armement : 4 pièces de 12 pouces (304 mm. 8), 12 de 10 pouces (254 mm.) et 12 de 4 pouces (119 mm. 38). A Kure on va construire deux croiseurs cuirassés armés de 4 pièces de 12 pouces et 6 de 10 pouces. On étudie aussi la construction de croiseurs de 12000 tonnes. »

Sont-ce là les signes d'industries prospères et qui, déjà, nourrissent leur homme? C'est encore, et pour de longues années, la période de tâtonnements, d'essais, qui coûtent et ne rapportent pas.

Rien n'a été négligé, cependant, pour donner à l'industrie et au commerce les facilités désirables. La situation des voies ferrées en est une des nombreuses preuves.

En 1903 le réseau japonais avait une longueur de 6817 kilomètres. Le matériel roulant se composait de 1 427 locomotives, 4 064 wagons de voyageurs et de 21 505 wagons de marchandises. En 1902 le nombre des voyageurs transportés avait dépassé 111 millions, et le trafic atteignait 14,4 millions de tonnes.

Avec cet outillage, auquel, sur terre, il faut ajouter quelques mauvaises routes, et, sur mer, une flotte commerciale importante déjà, le mouvement des échanges internationaux croît chaque année ; mais combien lentement au regard des grandes puissances commerciales européennes, et surtout en comparaison des besoins de sa population.

La marine marchande japonaise était de 214 000 tonnes en 1892 ; elle est passée en 1896 à 417 000 tonnes, en 1900 à 863 000 tonnes et enfin, en 1902, à 934 000 tonnes; en 1905 elle n'arrive pas encore à un milion de tonnes. Du treizième rang, elle atteint le huitième rang dans le monde entier.

Mais ce développement présente un point faible. Le personnel de commandement japonais ne s'est pas accru dans la même proportion. Sur 293 officiers des diverses Compagnies de navigation, 184 seulement sont Japonais, les 109 autres sont de nationalité étrangère. Ce qui aggrave encore cette situation, c'est que, sur 27 capitaines, 5 seulement sont Japonais, et sur 27 chefs mécaniciens, 6 seulement sont des nationaux; tous les autres sont étrangers.

Cette situation s'améliore, paraît-il, d'année en année; mais elle n'en pourrait pas moins constituer une singulière gêne pour le Japon à un moment donné.

D'une façon générale le mouvement commercial japonais est loin d'atteindre l'ampleur qui caractérise les nations vraiment commerciales et qui peut être fixée par le chiffre moyen de 2 000 francs par habitants. A ce taux, le commerce extérieur global japonais serait de dix milliards. Or, voici quelle est sa situation.

Les dernières statistiques l'indiquent comme relativement excellente.

Les importations et les exportations ont atteint, en 1904, des valeurs qui n'avaient jamais auparavant été enregistrées; les premières se sont élévées à 817,4 millions de francs en augmentation de 118 millions sur 1902; les secondes à 746,2 millions de francs en progrès de 80,4 millions. L'ensemble des transactions extérieures a été de 1 563 millions de francs. Ces chiffres auraient été plus considérables si, à partir du commencement de septembre, les craintes de guerre n'avaient amené un ralentissement des transactions, surtout des importations.

On doit remarquer que l'Asie tient la première place dans le commerce du Japon, avec 762,7 millions de francs (434,6 millions à l'importation et 328 millions à l'exportation).

L'Europe n'atteint qu'un chiffre presque moitié moindre, 426,9 millions de francs (importation, 247,7 millions; exportation, 181,2 millions).

L'Amérique arrive avec 341,5 millions de francs (120,6 millions à l'importation, et 220,9 millions à l'exportation). A 9 millions près, ces derniers chiffres représentent le commerce des États-Unis avec le Japon; la grande république américaine est donc le pays qui fait le plus d'affaires avec le Nippon.

Ensuite viennent la Chine (284,7 millions de francs se décomposant en 117,1 millions à l'importation et 167,5 à l'exportation), puis l'Inde avec 201 millions de francs provenant presque entièrement des importations de riz.

Parmi les États européens la Grande-Bretagne est celui dont le commerce est le plus important (168,2 millions de francs; 125,6 millions à l'importation et seulement 42,5 millions à l'exportation).

La France se place au second rang avec 101,5 millions de francs; mais tandis que la Grande-Bretagne vend surtout au Japon, notre commerce avec l'empire du Soleil-Levant consiste surtout en achats. Nous lui prenons 88,3 millions de francs, principalement de la soie. Dans nos importations au Japon la mousseline de laine tient une grosse place. En 1903, notre commerce avec le Nippon a augmenté de 23 p. 100.

L'Allemagne vient au troisième rang des États européens avec une valeur globale de 82,8 millions; mais, comme celui de la Grande-Bretagne, son commerce consiste principalement en importations (69,5 millions de francs).

Enfin, les importations belges s'élèvent à 19,5 millons de francs, dépassant sensiblement celles de la France.

Peut-être, pour le sujet qui nous occupe, ne manquait-il pas d'intérêt de mettre en un relief plus précis la situation commerciale française dans ce mouvement général. Mais elle est, pour longtemps encore, de si faible importance que notre action politique n'en peut être sérieusement influencée.

*
* *

De quelque côté qu'on se retourne on voit cette population, pour laquelle l'état de disette était jadis normal, menacée prochainement de la famine. Comment ne se ruerait-elle pas à l'assaut des terres promises qui l'entourent?

Le bélier que cette vague humaine lancera contre nos défenses de l'Indo-Chine pour y faire brèche et ensuite inonder ce pays du riz et des grasses récoltes, est puissant, si puissant matériellement et moralement que la Russie immense est toute meurtrie de ses coups. Et, cependant, combien il est loin d'avoir atteint à la perfection et à la force que nous lui verrons dans quelques années!

Comment, avec un pareil réservoir d'hommes trempés d'un tel moral, animés d'un si complet esprit guerrier, mus par le mobile le plus violent et le plus irrésistible qui soit au monde, — par la faim, — le Japon ne forgerait-il pas une marine et une armée redoutables aux meilleures des nôtres, aux plus nombreuses, aux mieux dressées, aux plus solides.

Actuellement, le budget de la guerre se décompose ainsi :

« Les frais de guerre extraordinaires prévus s'élèvent à 776 000 000 d'yens[1].

« Les dépenses du budget ordinaire se montent à 39 495 746 yens et celle du budget extraordinaire à 1 019 727 yens.

« Les principaux chapitres du budget ordinaire indiquent :

Solde	10 520 399
Vivres et fourrages	12 114 547
L'habillement et l'équipement	4 384 474
L'armement et les munitions	3 549 134
La remonte	1 262 949
Les manœuvres	1 075 922

1. Le yen = 2 fr. 58.

« Parmi les dépenses du budget extraordinaire, il faut signaler :

Travaux de fortification............	406 594 yens
Construction de casernement à Formose............................	320 915 —
Travaux topographiques............	140 503 —

« Les fortifications à construire sont destinées à la défense de la baie de Tokio et de Simonosaki, Kilan, Maïdzourou, Hakodate, Kelung (Formose) et des Pescadores. »

Ces deux dernières stations méritent une mention spéciale; elles sont indiquées nettement comme étant destinées à servir de points d'appui à la flotte japonaise.

En temps de paix, l'armée japonaise a des effectifs relativement restreints, environ 120 000 hommes. Mais cette armée n'est qu'une école par laquelle auront passé bientôt tous les adultes propres au service.

Déjà, par une instruction intensive, le Japon, au cours de l'année écoulée, a doublé ses effectifs du temps de guerre portés en quelque mois de 348 000 hommes à 700 000. Avec son organisation nouvelle, il pourra mobiliser en première ligne quatre armées de 120 000 hommes chacune, avec, derrière elles, une réserve de remplacement de 200 000 hommes et une armée de seconde ligne d'un million de combattants très suffisamment remis en main.

Quoiqu'il en soit, encore maintenant, l'organisation militaire légale de l'empire mikadonal est la suivante :

L'armée japonaise se compose de :

I. L'armée permanente avec sa réserve et une réserve de remplacement ;

II. L'armée territoriale ;

III. La milice nationale ;

IV. La milice des îles d'Hokkaïdo, Tson-Sima, etc.

L'armée permanente est destinée aux opérations actives à l'extérieur de l'empire; l'armée territoriale à la défense du sol national seulement; les milices seraient employées également à ce dernier service comme troupes auxillaires.

Le service militaire personnel est dû par tout Japonais de 17 à 40 ans, à l'exception de certaines populations encore à demi sauvages. L'entrée au service a lieu à 20 ans; sa durée normale est de 3 ans dans l'armée active, 4 ans 1/3 dans la réserve, 5 ans dans l'armée territoriale. Une partie des hommes de l'armée active est renvoyée dans ses foyers au bout de 2 ans de présence. Les hommes non incorporés constituent une réserve de recrutement et sont, au bout de 7 ans 1/3, versés dans la milice. En cas de mobilisation, la réserve de remplacement sert à compléter l'armée active.

Le territoire du Japon est divisé en 12 circonscriptions de division à quatre districts de régiment chacune. Chaque district doit fournir, en cas de guerre : 1 régiment d'infanterie, 1 bataillon de dépôt, 1 régiment territorial d'infanterie. La cavalerie, l'artillerie, les armes spéciales se recrutent sur l'ensemble du territoire. Il en est de même de la division de la garde à laquelle aucune circonscription n'est affectée en propre. Les 12 circonscriptions répondent aux 12 divisions de l'armée.

Les sous-officiers sortent des rangs de la troupe. Les officiers sont fournis par les candidats-officiers qui, après six mois de passage dans la troupe, vont suivre les cours d'une école militaire; leur promotion est précédée du vote du corps d'officier du régiment où ils veulent entrer. Environ 400 sous-officiers par an sont, en outre, promus officiers par suite de l'insuffisance du nombre de candidats de l'autre catégorie.

L'armée japonaise a adopté les limites d'âge suivantes :

Général de division, 70 ans;

Général de brigade, 65 ans;

Colonels, 54 ans;

Majors, 51 ans;

Capitaines, 48 ans;

Lieutenants, 45 ans.

Les règlements de l'armée japonaise, en particulier le service en campagne, sont très analogues aux règlements allemands. D'une manière générale, l'instruction de l'armée japonaise est à la hauteur de celle des armées européennes.

Les fantassins, bien que petits de taille, frappent par leur attitude correcte; ils se distinguent par l'intelligence, le débrouillage, l'endurance et la sobriété. La cavalerie est mal montée; la tenue des hommes à cheval, médiocre. Sur le champ de bataille, la cavalerie montre peu d'initiative et d'attention; on peut la qualifier de médiocre. Le personnel et le matériel de l'artillerie sont satisfaisants, mais la nature des chevaux laisse aussi à désirer. La population chevaline du Japon ne suffit pas aux besoins de l'armée. »

Cette insuffisance (en qualité comme en effectif) de sa cavalerie pourrait être pour l'armée japonaise, en certaines circonstances, notamment dans le cas d'une nouvelle guerre avec la Russie, un facteur d'une fâcheuse influence.

L'empereur est le chef de l'armée. Ses subordonnés immédiats sont : le ministre de la guerre, le chef de l'état-major général et l'inspecteur général de l'armée (chef du cabinet militaire de l'empereur) ; cette organisation est à peu près calquée sur l'organisation allemande. En outre, il existe un conseil supérieur de la guerre analogue au nôtre.

L'état-major général se compose d'officiers sortant de l'Académie de guerre. Il comprend six sections.

Les principaux établissements d'instruction militaire du Japon sont :

1° Six Écoles militaires préparatoires pour les jeunes gens se destinant à la carrière militaire. Ce sont des collèges où les cours durent trois ans;

2° Une École centrale militaire préparatoire, avec cours de deux ans, alimentée par les précédentes;

3° Une École militaire, avec cours d'un an, d'où les élèves qui ont fait, au préalable, six mois de service dans la troupe, sortent candidats-officiers, pour être promus sous-lieutenants à mesure que des vacances se produisent;

4° Une École de l'artillerie et du génie (École d'application);

5° L'Académie de guerre, destinée à la préparation des officiers d'état-major;

6° L'École d'équitation;

7° L'École de tir de l'infanterie;

8° L'École de tir de l'artillerie;

9° Un Institut militaire technique;

10° L'École de l'artillerie à pied;

11° Un Institut topographique;

12° Un Institut du service de santé militaire;

13° Un Institut du service vétérinaire;

14° Une École de maréchalerie.

L'infanterie de l'armée active est armée du fusil Midji de 6mm,5 avec vitesse initiale de 725 mètres. L'armée territoriale et la milice ont le fusil Mourata de 7mm,5, avec vitesse initiale de 610 mètres. La cavalerie a une carabine Midji.

L'artillerie de campagne possède un canon d'acier Arisaka, du calibre de 75mm, à poudre sans fumée. Les servants sont armés seulement d'un sabre-baïonnette. Les batteries de Formose ont encore des canons en bronze Uchatim, de 75mm également.

Le matériel de l'artillerie à pied comporte beaucoup de pièces de modèles déjà anciens.

L'armée se compose essentiellement de 13 divisions (1 de la garde, 12 de l'armée), comprenant les trois armes.

La composition des différentes armes est la suivante :

Infanterie : 4 régiments de la garde,

48 régiments de ligne, à 3 bataillons ; total, 156 bataillons;

Cavalerie : 1 régiment de la garde, 16 régiments de ligne; total, 55 escadrons;

Artillerie de campagne : 1 régiment de la garde, 18 régiments de ligne, à 6 batteries; total, 114 batteries et 684 pièces;

Artillerie à pied : 6 régiments, 3 bataillons indépendants, 1 parc de siége; total 20 bataillons;

Génie : 13 bataillons de pionniers, 1 bataillon de chemin de fer;

Train : 13 bataillons;

Gendarmerie : 12 détachements.

Les troupes d'occupation de Formose forment un groupe absolument distinct et autonome, qui comporte 12 bataillons d'infanterie, 3 escadrons, 3 batteries, 3 compagnies de pionniers.

En cas de guerre, chaque bataillon de pionniers forme un grand et un petit équipage de pont; chaque bataillon du train forme 4 colonnes de vivres, 4 colonnes de munitions d'infanterie, 4 colonnes de munitions d'artillerie et 6 hôpitaux de campagne.

L'armée territoriale peut mettre sur pied 104 bataillons, 26 escadrons, 52 batteries, 26 compagnies de pionniers.

L'effectif de paix est, pour l'armée active seule, en chiffres ronds, de 8 100 officiers et 110 000 hommes ; l'effectif de guerre, sans les dépôts, de 11 735 officiers, 348 000 hommes, 82 460 chevaux et 1 116 pièces.

Mais, ces forces terrestres seraient de peu de valeur pour atteindre le but que se propose le Japon, la conquête de terres vivrières nouvelles, si une marine puissante ne lui assurait, avec la maîtrise de la mer, la possibilité de transporter ses armées sur le continent.

Aussi son outillage maritime a-t-il été l'objet de sacrifices financiers énormes et de soins continus. Quoique ce soit à ses flottes actuelles qu'il doive à vrai dire ses succès en Mandchourie, cependant le Japon estime ses escadres totalement insuffisantes. Ses rêves ambitieux lui font envisager dès maintenant le jour où il terrassera notre marine, puis, plus tard, celui où, à n'en pas douter, il tiendra tête aux flottes de l'Angleterre dont il espère, en héritage, l'empire des mers au moins en Asie et dans le Pacifique.

Ses efforts, décuplés par le besoin urgent de vivre, tendent d'abord à créer d'une façon définitive les organismes industriels d'où sortiront, tout armées, les escadres qui chasseront l'Européen des parages de l'Extrême-Orient.

Le budget maritime occulte qui sert ces visées n'est trahi par aucune dépense officielle; il faudrait le chercher dans les aides, les subventions, les appuis, les moyens fournis à toutes les industries exclusivement nationales qui peuvent coopérer aux constructions navales; et aussi dans les produits de souscriptions, de collectes, de quêtes, qui vont grossir les moyens dont disposent déjà les arsenaux, ainsi que dans la caisse de réserve de la marine.

Officiellement, les prévisions budgétaires de la marine japonaise pour 1905-1906 sont les suivantes :

Dépenses ordinaires...............	23 955 265 yens[1]
Dépenses extraordinaires..........	10 204 701 —

On ne fournit aucune indication sur le programme naval nouveau au sujet duquel la presse a lancé des bruits sensationnels.

Les principaux chiffres du budget ordinaire sont :

Solde..............................	6 856 376 yens
Nourriture.........................	2 786 590 —
Armement et munitions.............	3 904 161 —
Réparations de navires...............	2 910 603 —
Ports et dépôts de charbon...........	3 570 438 —
Habillement........................	1 332 155 —

1. Le yen = 2 fr. 58.

Au budget extraordinaire figurent :

Constructions neuves................	8 547 227 yens
Agrandissement de l'arsenal maritime de Kouré..........................	1 484 750 —

Enfin, voici l'état dans lequel paraissent se trouver actuellement les arsenaux japonais.

Le pays est divisé en cinq circonscriptions maritime dans chacune desquelles se trouve un grand port de guerre.

Le chef-lieu de la première circonscription est le port de *Kuré*, situé près d'Hiroshima, sur un golfe qui pénètre dans le contrefort sud-ouest de l'île Nippon. Cet arsenal occupe actuellement 4 000 ouvriers. On y trouve une cale sèche pouvant contenir un cuirassé de 15 000 tonnes, plusieurs cales de moindre importance; des chantiers de construction pour les gros bâtiments et les torpilleurs. Une usine pour la fabrication du matériel d'artillerie a été fondée en 1895, immédiatement au sud de l'arsenal maritime; on songe à y joindre une grande usine pour la fabrication des grosses pièces d'acier de manière à rendre le Japon indépendant de l'étranger, en ce qui concerne la fourniture de l'artillerie de gros calibre et des plaques de blindage. Sur l'autre côté de la baie se trouve Hiroshima, siège d'une des inspections d'armée, pourvu d'une forte garnison et relié par voie ferrée à Tokio et Yokohama d'une part, à Simonosaki d'autre part. Kuré se trouve à environ 500 kilomètres de la pointe sud de la Corée.

Yokohama, chef-lieu de la deuxième circonscription, est situé sur la côte Ouest du golfe de Tokio, protégé par de nombreux ouvrages de côte. On peut y construire et y réparer tous les bâtiments de guerre inférieure à 9 000 tonnes. Cet arsenal, qui emploie 3 500 ouvriers, a été installé en 1867 par l'ingénieur français Verny.

Sasébo, chef-lieu de la troisième circonscription, est situé sur la côte Ouest de l'île Kiou-Siou. On n'a commencé l'installation de cet arsenal qu'en 1891; il n'a pris de développement que par l'apport du matériel conquis à la suite de la guerre sino-japonaise dans les provinces de Chantung et de Singkung. Depuis, de grosses sommes y ont été dépensées. On y construit surtout des torpilleurs. Sasébo n'est qu'à 150 milles marins de Fusan, ce qui indique l'importance du rôle qu'il peut jouer en temps de guerre; aussi, les approvisionnements et munitions de toute nature y ont-ils été accumulés. Les autorités maritimes de Sasébo ont en outre à leur disposition les chantiers privés de construction navale de Nagasaki, les plus importants et les mieux outillés du Japon, qui emploient 3 500 ouvriers et qui sont à même d'exécuter très rapidement toutes sortes de réparations.

Le port de *Maïzourou*, chef-lieu de la

quatrième circonscription, est situé au fond du golfe d'Amaroubé, à l'ouest de l'île Nippon. Il a été créé en 1892 et n'est préfecture maritime que depuis 1901. On y travaille beaucoup, mais des années passeront avant que l'organisation de ce port soit entièrement terminée; en outre, il est mal desservi par les voies ferrées.

Ominato, chef-lieu de la cinquième circonscription, a reçu à peine un commencement d'organisation, faute d'argent.

Enfin, on prévoit l'installation d'une nouvelle circonscription maritime embrassant les Pescadores et Formose. Les travaux d'un puissant arsenal à Formose sont conçus déjà et ont reçu la consécration d'un commencement d'exécution.

Il est moins intéressant d'examiner la liste des navires de guerre japonais existants que d'étudier la puissance maritime que fait prévoir l'organisation de ces arsenaux. La flotte actuelle sera, demain, autre qu'elle est aujourd'hui ; dès maintenant la capture d'une partie de l'escadre russe de l'Extrême-Orient en a augmenté singulièrement la force et le nombre; de nombreuses commandes à l'étranger sont prévues ou en voie d'exécution.

Mais, au seul examen de l'organisation productive ou administrative du Japon maritime, on peut établir le programme de sa marine future prochaine : six escadres, soit, au bas mot, six divisions de cuirassés et de croiseurs cuirassés, et douze divisions de croiseurs de premier et de second rang. Au total, cinquante-quatre grands navires de combat.

Un coup d'œil jeté sur le budget du Japon montrera quelles sont ses apparentes facultés financières pour atteindre la réalisation de cette première étape vers la suprématie dans les mers orientales.

	1903-1904	1904-1905	1905-1906
	—	—	—
	Yen [1]	Yen	Yen
Impôt foncier...........	46 845 971	70 782 184	82 284 112
Impôt sur le revenu.....	6 109 809	11 397 124	18 385 886
Taxe commerciale........	6 604 003	11 640 202	18 153 478
Impôt dit *Sake* et *Soy*...	67 133 606	68 451 142	68 249 548
Taxe sur les sucres.....	6 077 005	14 289 387	16 457 364
Taxe sur les prod. pharmaceutiques..........	116 976	116 976	215 487
Taxe sur les tissus......	»	2 138 661	2 183 602
Taxe minière...........	774 091	853 206	2 320 810
Taxe sur le change.....	1 087 180	1 620 026	1 848 271
Taxe sur les banknotes..	1 145 416	1 145 416	997 202
Droits de douane........	17 200 821	19 636 062	23 991 018
Droits de tonnage......	336 353	336 353	393 038
Timbre.................	14 304 951	17 928 268	29 464 115
Taxe sur les communications..............	»	»	3 488 180
Droits de succession....	»	»	4 309 596
Monopole du sel........	»	»	16 239 667
Taxe sur l'huile d'éclairage................	»	1 238 599	»
Totaux.............	167 735 492	221 473 606	288 671 369

Dans ce tableau, la taxe sur les communications, les droits de succession et le monopole du sel sont de nouveaux impôts qui ont été perçus pour la première fois en 1905.

Le droit sur les successions est accepté par le contribuable japonais et par la Diète comme une charge raisonnable et inévi-

1. Le yen = 2 fr. 58.

table, bien que la Chambre haute, dont les membres en porteront le poids le plus lourd, ait montré quelques velléités de résistance. La taxe sur les communications n'a provoqué de son côté que peu d'opposition. Cette taxe est un impôt sur les voyageurs. Les prix des billets pour tout transport public seront augmentés en proportion de la distance, et l'augmentation maxima atteindra 50 sens (1 fr. 25) pour les voyages d'un parcours de 200 milles (380 kilomètres environ) et au delà. Pour 50 milles (80 kilomètres) le voyageur de 1re classe paiera un minimum de 5 sens (12,5 centimes). Les voyageurs de 2e classe paieront une taxe moitié moindre, et les voyageurs de 3e classe ne paieront aucune taxe.

Quant au monopole du sel, il n'est pas accepté avec autant de facilité, on peut même dire qu'il a provoqué de nombreuses critiques; mais ces critiques s'apaisent en présence de la situation nationale.

Un mot d'explication est nécessaire à l'égard du droit de timbre. On a vu, dans le tableau précédent, que le produit à récupérer de ce chef est porté de 18 millions de yen, en chiffres ronds, en 1904-1905, à 29 millions 1/2 de yen en 1905-1906. La vérité est que cet impôt comprend un droit de consommation sur les tissus.

Des tarifs conventionnels empêchent le Japon d'élever les droits d'importation sur les tissus étrangers; mais ces tarifs ne limitent pas son pouvoir d'imposer une taxe de consommation pourvu que les manufactures indigènes supportent la même taxe. Quant au mode de perception de cette taxe de consommation, la question fut difficile à résoudre. Le moyen le plus simple aurait été de faire percevoir cet impôt par le service des douanes en même temps que la taxe d'importation, mais il aurait eu l'apparence d'une surélévation de la taxe douanière. La difficulté a été évitée au moyen de ce droit de timbre; c'est pourquoi la prévision portée sous ce titre accuse une augmentation aussi considérable.

La première année de la guerre (1904-1905) comporte une augmentation de taxes de 53 millions 1/2 de yen en chiffres ronds. Pour l'exercice 1905-1906, cette augmentation atteint 67 millions 1/2. Le surplus de recettes pour les deux exercices s'élève au total à 121 millions de yen, soit 72 p. 100 en deux années. Il ne semble pas qu'il y ait à craindre que le contribuable ne puisse supporter cet accroissement d'impôts, car l'expérience de l'année en cours a démontré qu'il acquitte avec régularité le surcroît de 31 p. 100 dont il a été surimposé.

Les recettes provenant de l'impôt étant ainsi présentées, les autres sources de revenus sont exposées dans le tableau ci-après :

	Yen
Recettes extraordinaires	7 435 237
Industries d'Etat	74 112 893
Recettes diverses	2 209 870
Intérêts sur fonds d'État	4 290 833
Disponible sur fonds destinés à des travaux de Formose	1 742 595
Total	89 791 428

Le chapitre « Recettes extraordinaires » comprend le produit de la vente de terrains domaniaux et communaux. Celui des « Industries d'État » a un intérêt tout spécial; en voici ci-dessous le détail :

	Yen
Postes et télégraphes	25 712 310
Chemins de fer de l'État	10 467 712
Forêts domaniales	32 011 072
Monopole des tabacs	3 165 999
Monopole du camphre	1 050 916
Total	72 408 009

Si à ce total de 72 408 000 yen on ajoute les recettes du service des douanes, 24 millions de yen en chiffres ronds, on voit qu'une somme annuelle supérieure à 96 millions de yen peut servir à couvrir un emprunt éventuel considérable. Les recettes douanières assurent déjà l'intérêt de deux emprunts s'élevant au total à 220 millions de yen et tous deux d'égale valeur ; le Japon peut donc encore faire une émission importante sous cette seule garantie.

La balance des recettes et des dépenses de l'Empire du Mikado se résume ainsi :

	Yen	Totaux Yen
Produits de l'impôt.......	288 671 369	378 462 797
Produits de sources diverses....................	89 791 428	
Dépenses ordinaires.......	179 060 822	210 524 436
Dépenses extraordinaires..	31 463 614	
Excédent des recettes sur les dépenses...........		167 938 361

soit en chiffres ronds 168 millions de yen (430 millions de francs).

Si l'on ajoute qu'en vertu d'arrangements subséquents le gouvernement économise une somme d'un million de yen sur l'administration, l'excédent des recettes apparaît en total à 169 millions de yen.

Le budget comprend naturellement les dépenses normales, navales et militaires, soit 23 797 187 yen pour les premières et 38 653 003 yen pour les secondes, ce qui donne un total de 62 millions et demi de yen, lequel est plus que couvert par les recettes provenant de l'impôt sur le « saké ».

Finalement, le surplus total des recettes s'élève au chiffre global de 199 millions de yen. Sur cette somme, 80 millions de yen servent au service des dettes contractées pour la guerre; les 119 millions de yen restant pourraient être employés à satisfaire à de nouvelles dépenses de guerre.

Enfin, sans entrer dans de longs détails qui ne serviraient qu'à rendre cette explication confuse, on peut présenter ainsi les disponibilités actuelles du Japon :

	Millions de yen
Excédent des recettes	199
Emprunts	571
Recettes temporaires et spéciales	8
Contributions et recettes diverses	2
Total	780

Environ 2 milliards de francs.

On a vu plus haut que 80 millions de yen sont nécessaires chaque année pour l'amortissement et l'intérêt des emprunts contractés précédemment. L'Angleterre et l'Amérique ont récemment prêté 120 millions au Japon; 400 autres millions viennent d'être réalisés pendant ces derniers mois sur divers marchés européens.

Combien ces chiffres ne doivent-ils pas retenir notre attention?

Au 1er janvier 1906, la dette totale du Japon ne dépasse pas cinq milliards.

Pour une population de 50 millions d'âmes la charge de l'intérêt et de l'amortissement est donc, au plus, de 2 yens, cinq francs, par habitant!

II

L'Indo-Chine menacée.

Il n'est pas exagéré de dire qu'au regard des forces défensives dont nous disposons en Indo-Chine, les forces offensives du Japon sont irrésistibles.

Si l'on considère une carte des mers de Chine, on voit que, en dehors de la Chine, marché réservé à l'activité industrielle de l'Empire du Soleil-Levant, en dehors de la Corée et de la Mandchourie, deuxième proie probable déjà en partie escomptée, il ne reste que nos possessions asiatiques qui puissent être l'objet de sa convoitise immédiate.

Rien ne résiste aux poussées de la faim de tout un peuple. Il faut que le Japon mange.

Est-ce l'Indo-Chine qu'il mangera?

La réponse à une semblable question ne se peut déduire que d'une étude des contingences et des faits.

D'abord, il est logique que l'Indo-Chine soit la terre rêvée par le Japon; elle le complète non seulement par la nature de son sol, par le génie de ses habitants issus d'une race proche parente, mais encore par l'immensité des champs vacants qui semblent attendre le travail adroit et patient du Japonais pour donner, bien au delà des besoins de l'Empire, tout ce qui lui manque en vivres et en produits industriels.

Mais la logique n'est pas toujours la règle des peuples, moins encore celle de la diplomatie.

Il faut, pour se convaincre que les sujets du Mikado tourneront de notre côté l'effort de leurs conquêtes vers une vie plus heureuse et plus large, se représenter très exactement leurs visées actuelles, leurs besoins du moment, les aspirations entretenues dans le peuple par la propagande gouvernementale ou par celle des classes dirigeantes, enfin leur situation politique dans le monde.

Au moment où le Japon allait traîtreusement, sans déclaration de guerre préalable, assaillir la Russie, l'éventualité de cette guerre paraissait être particulièrement redoutée en France.

Nos grands organes politiques réclamaient à l'envi une conciliation qui, étant donné les prétentions irréductibles du gouvernement du Mikado, aurait consacré en Extrême-Orient et particulièrement dans l'esprit des races jaunes une diminution considérable du prestige de la Russie; l'arrogance des Japonais s'en serait accrue considérablement.

Lorsqu'il est question de guerre, il importe de se débarrasser de ces sentiments de sensibilité, de sensiblerie même que toute une école politique exploite en France à grand fracas de déclarations humanitaires.

Que coûtera cette guerre? Que rapportera-t-elle? Il n'y a rien au delà. Que les mères pleurent s'il le faut, mais que le patrimoine commun soit maintenu, fortifié, agrandi.

Dans le cas d'une guerre entre la Russie et le Japon, qu'avions nous à gagner, qu'avions-nous à perdre? Que pouvions-nous espérer, que devions-nous craindre?

La Russie est notre alliée; l'Angleterre est celle du Japon. Était-il à penser que cette dernière puissance et nous-mêmes serions entraînés dans le conflit?

Les traités qui nous lient réciproquement semblent nous garantir d'une semblable éventualité. Mais était-il certain que notre neutralité vis-à-vis de la Russie, que celle de l'Angleterre à l'égard du Japon, ne seraient pas entachées d'un favoritisme d'autant plus marqué que nos sympathies seraient plus vives, nos intérêts plus engagés dans le sens de nos alliés?

Et le belligérant qui s'en serait trouvé lésé n'allait-il pas voir dans le traitement de faveur accordé par un neutre à son adversaire un *casus belli* suffisant, si, comme c'était le cas pour le Japon, il estimait qu'il y avait avantage pour lui à entraîner son allié dans la lutte?

Je pense que de semblables questions se posaient tout d'abord à l'esprit de ceux qui envisageaient avec crainte un conflit russo-japonais, et que le doute où ils étaient sur les risques qu'une pareille guerre nous ferait courir avait déterminé leur sentiment : la paix, même au prix d'une reculade de la Russie.

Il ne me semblait pas cependant alors qu'une guerre entre la Russie et le Japon fût si grosse pour nous d'inconnus redoutables.

C'est plutôt de l'accord rétabli au prix des concessions de notre alliée que je les vois poindre pour l'avenir.

Après les premières passes d'armes entre les belligérants, quels qu'en aient été du reste les résultats, admettons que le Japon blessé de quelque acte de neutralité douteuse de notre part nous ait déclaré également la guerre, comme cela faillit arriver. L'Angleterre — tout était là — se joindrait-elle à lui?

Non seulement le traité qui la liait à cette dernière puissance ne l'y obligeait pas, mais encore ses intérêts le lui interdisaient.

Car, en quoi se résument-ils? Empêcher la Russie de grandir à l'excès et particulièrement d'absorber à son profit les nations jaunes. Mais, d'autre part, est-elle intéressée à ce que le Japon victorieux devienne une puissance formidable sous l'hégémonie de laquelle passerait tout l'Extrême-Orient? Certainement non.

Déjà celui-ci est pour son commerce un concurrent trop redoutable pour qu'elle veuille le fortifier dans de tels proportions.

A vrai dire, l'Angleterre désire simplement que, pour le présent du moins, le Japon reste la sentinelle placée sur le flanc du colosse russe pour l'empêcher de déborder d'une façon trop complète sur le continent jaune et vers l'Inde.

Enfin, quels eussent été les résultats pratiques d'une guerre entre la France unie à la Russie d'une part, et la Grande-Bretagne jointe au Japon de l'autre?

La Russie est entièrement couverte dans ses œuvres vives contre des puissances maritimes telles que l'Angleterre et le Japon; sur terre, elle est encore de taille, tout en résistant avec ténacité en Mandchourie, à envahir les Indes et peut-être même à s'en emparer.

Quant à la France, que peut-elle craindre de l'Angleterre? Quelques engagements malheureux en haute mer, le bombardement de plusieurs ports et de certaines portions de côtes, la perte momentanée de quelque île isolée sans défense et sans grande valeur.

On admettra que lorsque les millions de soldats de l'armée russe mordront au large gâteau hindoustani, l'Angleterre n'aura plus de troupes disponibles pour essayer de conquérir l'Algérie, voire l'Indo-Chine.

En revanche, les colonies anglaises de la Côte occidentale d'Afrique seraient enlevées comme un fétu par nos troupes sénégalaises contre lesquelles aucun régiment des West-India ne pourrait se mesurer, le Siam serait absorbé par notre armée d'Indo-Chine; et les Straits-Settlements, jusqu'à Singapour, la Birmanie elle-même gravement menacés.

De quelque côté que l'Angleterre eût envisagé les résultats de son entrée en lutte dans le conflit russo-japonais, elle n'eût pu qu'y trouver de lourds déboires et des pertes coloniales si graves que son empire en eût été ébranlé et peut-être ruiné.

On peut se rassurer ; les Anglais sont gens pratiques qui savent compter. Ils ne s'embarrassent pas comme nous de données sentimentales qui faussent les solutions. Ils ne se joindront jamais au Japon malgré les plus beaux traités d'alliance offensive et défensive, qu'on en soit certain.

Alors, notre intérêt, où le trouvions-nous dans cette guerre?

Vainqueur de la Russie, le Japon s'est emparé définitivement de la Corée et d'une partie de la Mandchourie; ce sont des déversoirs d'hommes assez grands pour qu'il puisse y laisser couler pendant quelques années son trop-plein. D'autre part, après une pareille guerre, même vainqueur, il faut, pendant un temps assez long, souffler, se remettre, panser ses blessures. Or, pendant ce temps, nous qui n'étions pas prêts, nous pourrons nous préparer et faire en sorte que nous soyions en état de recevoir le choc.

Les Japonais eussent-ils été vaincus, nous avions, là encore, plusieurs années devant nous, celles pendant lesquelles, après s'être recueillis, ils se seraient mis en mesure de nous attaquer.

Il semble à certains politiques que cette insistance à toujours voir dans le Japon un ennemi inéluctable provienne beaucoup des sentiments hostiles qu'ont pu faire naître, chez les Français, la guerre traîtreusement entreprise contre leurs alliés les Russes. Il n'en est rien. La France en première ligne, l'Allemagne ensuite, et aussi l'Angleterre et les États-Unis auront grandement à souffrir, toujours beaucoup à craindre du fait de cette puissance.

Évidemment ces deux dernières nations, principaux bailleurs de fonds du Japon, devaient désirer que l'empire du Mikado ne sorte pas sensiblement amoindri de la lutte.

Mais il serait contraire aux intérêts commerciaux et financiers de ces deux nations que la suprématie diplomatique japonaise s'établisse sur l'Extrême-Orient. En effet, il est facile de prévoir ce que deviendrait alors la flotte commerciale nipponne. En 1892, cette flotte se chiffrait par 214 000 tonnes; en 1902, elle avait quadruplé et jaugeait 934 000 tonnes, cabotage compris. Cette force maritime est appelée à se décupler; on peut prévoir l'époque où elle annihilera ou peu s'en faut le commerce maritime des autres puissances.

Mais, parmi celles-ci, il en est une dont l'importance des intérêts engagés allait également croissante dans une proportion à peu près semblable à celle du Japon. L'Allemagne entretenait en 1891, dans le Pacifique occidental, une flotte marchande de 242 000 tonnes; cette flotte passait en 1901 à 581 000 tonnes, se plaçant ainsi, presque d'un bond, immédiatement après la flotte commerciale anglaise qu'elle égale actuellement.

Il est donc intéressant au premier chef d'étudier la situation actuelle de l'empire allemand en Extrême-Orient et d'en déduire, après avoir fait ressortir le côté où ses intérêts la pousse, l'attitude probable de son gouvernement au cas où le Japon entrerait en conflit avec nous.

De l'autre côté du Rhin, la question de sentiment est généralement réglée en faveur de cette nation; celle-ci, depuis quelques années, a fait fi de la culture française et s'est jetée toutes voiles déployés dans la science et dans le genre allemand. Plus de quarante professeurs, médecins, ingénieurs sont encore en ce moment employés par elle; des générations d'étudiants se sont succédé dans les Universités allemandes, rapportant chaque année dans leur pays non seulement l'esprit et la méthode, mais encore le goût de la production industrielle allemande. Enfin, de nombreux officiers de l'armée nipponne ont appris dans l'armée prussienne et pratiquent attentivement les règles du « drill » le plus perfectionné.

Certainement l'Allemagne est reconnaissante au Japon de l'avoir prise pour éducatrice et pour modèle. Mais la Germanie actuelle n'est plus la nation sentimentale et rêveuse, le philosophe abstrait des temps passés. Certes, le sentiment et le rêve ne sont pas abolis de son âme, le myosotis n'est pas encore fané dans ses bois; mais on ne le cueille plus en rêvant à des choses nébuleuses que dans les courts instants où les affaires font trêve.

Les affaires d'abord et les intérêts matériels. *Geschæfte und materielle Interessen.* Telle est la devise du jour.

Quels sont donc ces intérêts?

En première ligne, l'intérêt territorial politique et économique constitué par l'établissement de Kiao-Tchéou. Ce territoire qui commande l'entrée du golfe de Pé-Tchili est situé face au Japon, directement menacé par lui. Son importance va grandissant chaque jour. L'Allemagne y dépense sans compter pour en faire une des stations les plus actives de la Chine; installations du port, aménagement de la ville, rien n'est négligé. Une voie ferrée atteint déjà le cœur du Chan-Toung; elle pénétrera ensuite avec ses ramifications dans le Chan-Si et dans le Ho-Nam; elle drainera d'ici peu sur Kiao-Tchéou une partie du mouvement commercial de ces riches provinces qui lui apporteront une clientèle nouvelle de soixante-dix millions d'habitants!

Or, jusqu'à présent, les dépenses militaires pour la garde de cette possession pleine d'espérances prochaines ont été relativement faibles. Le gouverneur, le capitaine de vaisseau Truppel, n'a habituellement sous ses ordres qu'un stationnaire, quelques bâtiments légers, et, comme forces terrestres, deux bataillons d'infanterie, une division d'artillerie et un escadron de cavalerie. Les excellentes relations que ce haut fonctionnaire entretient avec le vice-roi du Chan-Toung, Chou-Fou, la façon adroite dont les Allemands ont su rallier à eux les populations voisines de leur territoire, dispensaient d'un effort plus considérable.

Mais maintenant, devant le Japon victorieux, que deviendra tôt ou tard Kiao-Tchéou? C'est là une grave inconnue. Aussi, dans les cercles politiques allemands, on envisage dès maintenant, pour les graves éventualités à prévoir, la création d'un port militaire de premier ordre, celle d'une défense mobile importante et l'organisation d'une troupe d'occupation pouvant répondre à tous les besoins. Au bas mot, 50 millions à jeter dans les travaux d'aménagement et de défense du port militaire et de la rade; une dépense annuelle de 12 à 15 millions pour l'entretien de ce port et de sa garnison!

Que d'argent perdu, peut-être inutilement, qui eût pu être employé à la conquête économique de cette partie de la Chine où les intérêts allemands se développent d'une façon notable, où la politique allemande fait de si rapides progrès !

Si, d'autre part, on considère la situation commerciale allemande dans le Pacifique occidental, on n'est pas moins frappé par l'irréparable dommage que lui causera l'accroissement de vitalité et d'activité commerciale que ne manquera pas de donner au Japon l'issue heureuse de la guerre.

Aussitôt après le conflit sino-japonais le but des efforts du Japon en Extrême-Orient s'est nettement dessiné. Actuellement ce but crève les yeux : le contrôle économique et politique de la mer Jaune et de toutes ses avenues commerciales. L'Allemagne non plus que les autres puissances ne peuvent conserver de doute à cet égard ; l'accroissement fébrile de la flotte de guerre japonaise, les subventions inusitées accordées à sa marine marchande en sont les preuves irréfutables. Or, en 1875, 48 navires allemands représentant 25 000 tonneaux de jauge commerçaient dans ces parages; nous avons vu qu'actuellement ce nombre est supérieur à 167 navires avec plus de 581 000 tonnes. Tous les voyageurs qui ont navigué dans ces mers ont été témoins des efforts de l'Allemagne pour faire de ses paquebots les plus rapides et les plus confortables parmi ceux qui fréquentent l'Extrême Orient. Ses bateaux de commerce, armés à l'économie, visitent assidûment, port par port, toutes les côtes qui s'étendent de Java et des Straits-Settlements à Vladivostock. Partout, à chaque escale, on trouve le pavillon allemand; seul, le pavillon anglais y est encore un peu plus fréquent.

Le chiffre d'affaires sous pavillon allemand est monté en 1902 à 245 millions de francs; il convient d'y ajouter une centaine de millions de produits allemands exportés sous pavillon étranger et plus de quatre-vingts millions de produits exotiques importés en Allemagne dans les mêmes conditions. L'importation allemande en Extrême-Orient représente ainsi près de 4 p. 100 de son importation totale, l'exportation plus de 3 p. 100.

En résumé, déjà près de 7 p. 100 du mouvement commercial général de l'Allemagne se rapportait à ce trafic il y a quatre ans.

Qnant aux perspectives d'avenir elles étaient ouvertes presque infinies, non seulement par l'importance considérable que Kiao-Tchéou est appelé à prendre, mais encore par la constation des progrès incroyables réalisés dans ces dernières années.

Les intérêts allemands directement engagés sur place dans l'exploitation d'entreprises commerciales ou autres en Extrême-Orient sont, eux aussi, d'une importance notable; ils représentent un capital de 480 millions de marks : plus d'un demi-milliard.

L'accroissement de ces intérêts était non seulement continu, mais il procédait par bonds caractéristiques qui permettaient d'augurer un développement colossal prochain. A Shanghai, par exemple, de 1898 à 1902, en quatre ans et malgré la guerre des Boxeurs, le nombre des maisons allemandes était passé de 42 à 68 ; dans le même temps, la Banque asiatique allemande portait son dividende de 3 millions 700 000 taels à 5 millions; les établissements allemands dans les autres grands ports de Chine ont doublé leur nombre.

En 1903, on inaugurait à Kiao-Tchéou la nouvelle ligne ferrée sur une longueur de 300 kilomètres. L'année précédente le commerce de ce port était de 45 millions; avec l'ouverture de la voie ferrée plongeant dans le Chan-Toung il atteignit en quelques mois 85 millions; il passe aujourd'hui 100 millions.

A côté de ces intérêts considérables que l'Allemagne possède en concurrence avec le Japon, elle n'y a pas, comme contre-partie, au contraire de l'Angleterre, de capitaux engagés soit dans des entreprises industrielles, soit dans les emprunts d'État. Elle était donc et elle reste uniquement puissance territoriale et commerciale, sa concurrente; tout retard dans le développement industriel, commercial et politique de ce nouvel adversaire doit donc tourner à son avantage.

A-t-elle enfin quelque chose à craindre de la poussée politique de la Russie ou de la France en Extrême-Orient? Il suffit de dire que l'empire du Tzar est le meilleur client du commerce allemand pour montrer qu'il n'en est rien; d'ici longtemps encore le Transsibérien introduira dans la Chine septentrionale plus de marchandises allemandes que de produits de l'industrie russe. Quant à la France, quelle est la puissance maritime qui craint encore sa concurrence ?

Ainsi, par la force des choses, par l'importance de ses intérêts engagés en Extrême-Orient en concurrence avec le Japon, l'Allemagne ne doit pas désirer que cette dernière puissance prenne de nouveau avantage sur la Russie ou sur nous. Concurrente acharnée du commerce et de l'influence anglo-saxonne dans le Pacifique occidental, elle est matériellement empêchée de se joindre à un groupement formé par l'Angleterre, les États-Unis et le Japon sous peine de faire le jeu de ces puissances qui va directement à l'encontre de ses espoirs politiques et commerciaux.

A un autre point de vue, c'est pour tous les esprits que n'aveuglent pas la sentimentalité, qui, au contraire, ne recherchent dans les relations entre les peuples, comme il est raisonnable, que le côté des intérêts, c'est pour ces esprits un grand sujet d'étonnement que les sympathies éveillées à travers le monde en faveur des Japonais, dès les débuts de la guerre avec la Russie, débuts signalés cependant par une traîtrise qui eût disqualifié toute autre nation.

Les sympathies des peuples sont déterminées par des causes habituellement très définies. Ici je les cherche en vain.

Souvent elles se développent sous l'action d'une sentimentalité née de communauté d'origines et de race, issue d'une civilisation semblable. Communauté d'origines et de race! On me dispensera d'insister. Il serait cruel de faire dans ce sens quelque rapprochement entre le bel animal humain qu'est l'Anglo-Saxon, l'homme robuste que représente l'Allemand, le Latin ou le Slave leste, hardi et bien découplé, et le petit bonhomme jaune que caractérisent une singulière laideur bilieuse du visage, un rabougrissement corporel tout au moins apparent.

Cérébralement, où sont les traits communs entre le Japonais et l'Aryen ? Il faut être particulièrement ignorant de la mentalité du premier pour lui accorder une certaine connexité de pensée avec la nôtre. De ce que l'empire du Mikado a adopté nos cuirassés et nos divers engins de guerre, de ce que le code élaboré par ses jurisconsultes n'est, pour bien des articles, qu'une paraphrase de nos codes européens et particulièrement du code Napoléon, dira-t-on que la mentalité séculaire qui le différenciait de nous a subitement disparu sans laisser la moindre ressouvenance atavique, pour faire place aux nécessités intellectuelles et aux vues que, restrictivement, nous attribuons à l'homme civilisé?

Est-il besoin de réfléchir longuement pour constater que le Japon ne nous a pris que les armes avec lesquelles il pouvait plus efficacement nous combattre ? L'armée, la marine, et leur outillage; les règles administratives et judiciaires qui ont permis à son gouvernement de se débarrasser des chartes consulaires, et grâce auxquelles il peut traduire l'Européen devant ses tribunaux. Quoi de plus ?

Je prétends que, par ces acquisitions, les Japonais démontraient au contraire d'une façon péremptoire l'incompatibilité absolue existant entre eux et nous, puisqu'ils ne prenaient de notre civilisation que les moyens de s'en préserver.

Le christianisme qui est l'expression de la forme la plus haute de notre culture morale a-t-il fait dans le Nippon quelque progrès? A-t-il entamé si peu que ce soit l'âme japonaise? Depuis tantôt un demi-siècle que ce pays qu'on dit, si complètement à tort, avide de nouveautés, est soumis à une propagande zélée et tenace de nos missionnaires, veut-on savoir quels sont les succès que ceux-ci ont enregistrés? 40 000 conversions obtenues, Dieu sait comment, au cours de ces cinquante années, dans les bas-fonds d'une population de cinquante millions d'habitants !

En l'année 1906, le Japonais, noble ou bourgeois qui voyage confortablement en première classe sur les voies ferrées qui sillonnent déjà ses îles, ainsi que le coolie encaqué dans un wagon de quatrième classe, sont aussi superstitieux, aussi païens, dans le sens grossier du mot, qu'avant l'aventure du commodore américain Perry en 1853.

Les cruautés dont les officiers japonais se sont rendus coupables en Chine et à Formose, les atrocités commises par leurs soldats, tout naturellement, comme conséquences justifiées de la guerre, montrent bien l'abîme qui nous sépare au point de vue du respect de la vie humaine et de toute miséricordieuse pitié.

L'adoption du chapeau haut de forme et de la redingote par les hautes classes dirigeantes me paraît avoir été la cause déterminante de l'opinion erronée que nous avons prise de la transformation psychologique de ce peuple jaune. Dans le même temps que nous rencontrions à Londres, à Berlin, à Paris, plus encore à New York et à San Francisco, des Chinois de civilisation apparemment irréductible, puisqu'ils s'entêtent à porter la longue queue de cheveux et la robe de soie, nous voyions se glisser dans les salons officiels les représentants de l'empire du Soleil-Levant, le claque sous le bras, les basques de l'habit noir battant leurs jambes courtes et massives. Instinctivement nous pensions que sous le gibus du Japonais des idées larges, élevées se développaient; de la comparaison entre les représentants de ces deux nations de l'Extrême-Orient naissaient, contre l'une, l'idée de barbarie invétérée, en faveur de l'autre, l'impression d'une adaption complète à notre civilisation.

Mais qui a vu le Japonais vêtu toujours chez lui de son costume national, qui a constaté avec quel soulagement véritable le haut fonctionnaire, rentré dans sa demeure, quitte la défroque occidentale étriquée qu'on lui impose dans l'exercice de ses fonctions, celui-là estime que la redingote n'est pour notre homme qu'un moyen, comme l'armée à l'européenne, comme le code à l'instar du nôtre. L'emploi de ces moyens le gêne; mais ils lui sont utiles, nécessaires dans la lutte entreprise contre la race aryenne qu'il combat ainsi avec ses propres armes.

J'ai connu plusieurs Japonais, assez pour pouvoir lire dans leur âme. Leurs sentiments nationaux étaient faits de haine et d'envie implacables contre nous; il surnageait là-dessus un orgueil démesuré. Leurs sentiments personnels étaient un mélange de mépris pour notre civilisation, pour nos mœurs, pour notre grossièreté et notre goinfrerie — ainsi qualifiaient-ils, dans leur sobriété, nos robustes appétits d'hommes vigoureux — et de jalousie aussi pour les qualités de force physique et pour le génie inventif et créateur qui est le privilège de notre race, privilège refusé à la leur par la nature. Il n'est pas un point de sentiment, de morale ou de philosophie sur lequel nous pourrions véritablement nous accorder.

Comment donc sympathiser avec des êtres si dissemblables de nous au physique, séparés de nous moralement par un infranchissable abîme? Que notre sentimentalité ait été éveillée en leur faveur par un écrivain épris de Mme Chrysanthème et encore sous le charme de descriptions charmantes des délicieux et frais paysages japonais, je l'admettrais pour quelques-uns. Mais la masse n'a pas lu Loti; elle ne connaît pas les écrivains européens qui, après lui, se sont pâmés devant les étrangetés parfois captivantes de la civilisation du pays du Soleil-Levant.

Serait-ce la compréhension des intérêts nationaux mis en jeu par la guerre russo-japonaise, qui, plus prosaïquement, en aurait été la cause secrète, déterminante?

J'ai montré précédemment que le Japon était pour nos riches possessions indo-chinoises un grave et menaçant danger. Devions-nous, nous Français, désirer le succès d'une nation dont une des ambitions les plus certaines est de nous chasser de la plus belle de nos colonies, de cette Indo-Chine où, après avoir semé les millions par centaines et les vies d'hommes par milliers, nous faisons actuellement une moisson commerciale si fructueuse, sur laquelle nous pouvons bâtir les espoirs d'une richesse sans exemple? Était-il possible que nous envisagions de sang-froid l'accroissement du Japon au préjudice de la Russie, notre alliée, bien plus encore, notre créancière de plus de dix milliards? Comptait-on sur le Mikado pour nous servir les intérêts de ce capital monstrueux au cas où les suites de la guerre déclarée par lui les mettraient en souffrance?

L'Allemagne, je l'ai dit déjà, verra son commerce chassé des mers de Chine par les flottes commerciales du Japon; de plus, Kiao-Tchéou, débouché économique d'un si puissant avenir, planté avec son chemin de fer comme à l'extrémité d'un drain qui assèchera la riche province du Chang-Toung, Kiao-Tchéou va se trouver sous la menace continuelle des escadres du Nippon.

Quant à l'Angleterre et aux États-Unis, les résultats de la dernière guerre ont réglé au profit du Japon la suprématie que ces deux grandes nations revendiquaient en Extrême-Orient. Hong-Kong cessera bientôt d'être le grand Emporium de la Chine pour n'être plus qu'une sentinelle avancée, coûteuse et improductive, toujours en danger d'être enlevée. Les Philippines, tiraillées par la politique mikadonale, agoniseront dans les spasmes d'une guerre civile éternellement renouvelée.

Enfin, le succès du Japon, c'est les quatre cent millions de jaunes dressés à la lutte industrielle, commerciale et militaire contre la race aryenne.

De sorte que je ne peux expliquer les sympathies européennes qui vont au Japon.

Cependant, alors que nos alliés voyaient tourner contre eux les chances de la guerre, il sembla, phénomène bien digne d'être noté, qu'un revirement dans l'opinion anglo-saxonne allait se produire.

Au début des hostilités, surtout à la période de chicanes diplomatiques qui les a précédées, Anglais et Américains en tenaient franchement pour le Japon. De naïves bonnes gens reconnaissaient, dans ce parti pris, l'irrésistible penchant de l'âme des peuples supérieurs pour la cause des faibles et des opprimés. Je croirais plutôt que ces marques de sympathie en faveur des Japonais n'étaient que l'expression des craintes des Anglo-Saxons pour l'avenir de leur suprématie commerciale en Extrême-Orient que menaçait la Russie, et un témoignage de vives appréhensions pour la solidité du gage qui garantit les milliards souscrits dans les divers emprunts japonais.

Il y avait cependant, même à ce point de vue, une erreur d'optique frappante de la part de peuples pratiques comme le sont les Anglais et les Américains. Être pour le Japon, c'était désirer que ce pays sorte vainqueur de la lutte qu'il avait engagée contre la Russie. Or, les événements tournant ainsi, que devait-il tôt ou tard en résulter? A coup sûr, l'hégémonie japonaise sur tout l'Extrême-Orient. Évidemment, dans ce cas, pour un temps au moins, les intérêts des emprunts mikadonaux devaient être régulièrement payés; mais à quel prix? Le commerce anglo-saxon évincé des ports de la Chine et du Japon, Hong-Kong réduit au rôle infime de Macao, les Philippines tôt ou tard arrachées aux États-Unis, le commerce des Straits-Settlements et de Singapour passant dans les mains des Japonais, celui de l'Inde avec l'Angleterre menacé par la concurrence facilement victorieuse de la main-d'œuvre industrielle jaune.

N'arriverait-il pas aussi que les capitaux d'emprunt japonais seraient soumis à des conversions successives de plus en plus onéreuses pour le créancier dont le gage irait s'amoindrissant rapidement.

Pour qu'Anglais et Américains en soient arrivés à souhaiter le succès final du Japon, il fallait que leur bon sens pratique coutumier ait été bien complètement aveuglé par leur haine contre la Russie.

Mais il serait naïf de croire que dans tout ceci entrait peu ou prou quelque sentimentalité. Les dithyrambes déclamatoires de la presse newyorkaise ou londonienne contre la tyrannie du gouvernement du tsar, contre l'obscurantisme de l'administration et contre l'ignorance du peuple russe n'étaient là que pour donner le change. Il n'est pas de race, autant que l'anglo-saxonne, qui excelle à couvrir ses visées utilitaires des apparences de la vertu ou du simulacre de hauts mobiles humanitaires. Ici, il s'agissait simplement de trouver le moyen de refouler le Russe dans ses steppes et de lui interdire toute mainmise économique ou politique sur la Chine. De plus, il y avait entre John Bull et lui la vieille querelle toujours ouverte, angoissante pour la plus grande Angleterre, des si dangereux confins de l'Inde. Pour les États-Unis, ce mauvais vouloir était accru de tout le poids des mécomptes récents éprouvés dans l'exportation des produits métallurgiques en Russie, débouché énorme, précieux, fermé tout d'un coup, sur un simple oukase, au Trust de l'acier.

Et c'est ainsi qu'Anglais et Américains applaudissaient vigoureusement, applaudissaient à tout rompre aux premiers succès japonais, particulièrement à la traîtreuse surprise de Port-Arthur et à la lâche agression de Chemulpo.

Mais voici que les Russes sont chassés de la Mandchourie, et que la Corée et toute la partie Nord de la mer Jaune est aux mains du Japon; la Chine frémissante, reconnaissant ses frères dans ces soldats jaunes qui battent les soldats aryens, est prête à se jeter dans les bras de l'empereur du Soleil-Levant pour l'aider à débarrasser ses terres et ses mers des aventuriers d'occident. Ce pays, qui semblait figé dans une immuable routine, se prépare à son tour à la guerre moderne. Il commence à comprendre que ces diables maudits contre lesquels sa haine est implacable, inextinguible, éternelle, ne sont pas seulement les Russes, mais aussi les Anglais et les Américains.

C'est alors que, par l'intermédiaire de la France, la Russie rassure l'Angleterre sur ses projets d'avenir vers l'Inde, qu'elle détend les mesures douanières qui inquiétaient l'industrie américaine, et aussitôt disparaissent les causes de ressentiments ou de méfiance originelles; on s'aperçoit enfin que la suprématie politique, bientôt la suprématie commerciale et industrielle de l'Extrême-Orient passeront tôt ou tard violemment dans les mains de ce troisième larron, le Japon, pour lequel Russes et Anglo-Saxons ont failli sottement se gourmer.

Ces derniers déjà deviennent très attentifs aux progrès de leur petit ami jaune; ils s'en inquiètent au point de s'allier plus étroitement avec lui pour mieux le surveiller et le tenir de plus près.

Comment n'apparaîtrait pas prochainement, irréfutable, aux yeux des Anglais et des Américains cette vérité que le succès du Japon constitue, pour leur commerce d'abord, ensuite pour cette hégémonie mondiale qu'ils ont rêvée, le plus grave des dangers. Aussi suis-je très rassuré sur la tournure que, par la suite, prendront leurs sentiments : ils étaient pour le Japon, ils seront pour la Russie, malgré tous les traités, dès qu'ils verront où sont leurs intérêts. Quant aux formes dont se couvrira cette évolution, elles ne laisseront rien à désirer ; l'Anglo-Saxon n'est jamais embarrassé pour montrer au monde qu'il n'agit que mû par de nobles ressorts et seulement sous la poussée de son immense amour de l'humanité.

Quant à l'Allemagne officielle, elle semble toujours ferme dans le propos de surveiller avec une profonde méfiance le développement militaire et économique du Japon. L'autre Allemagne, la plus importante, celle qui trafique, commence à comprendre que la victoire japonaise est la ruine non seulement de l'important commerce qu'elle entretient actuellement en Extrême-Orient, mais surtout des visées grandioses d'un avenir naguère riche en promesses. Ne voit-elle pas maintenant la possibilité, la probabilité du sort que je lui prédisais naguère : son commerce chassé des mers de Chine, Kiao-Tchéou, où tant de millions ont été semés, moissonné par le Japon; enfin, ses flottes de commerce dont à bon droit elle est si fière, les Hamburg-America, les Deutscher Lloyd, les Hansa, toutes ces puissantes Compagnies amenées à désarmer leurs superbes navires, — les plus beaux du monde peut-être, — qui actuellement sillonnent les mers chargés des produits et des passagers de l'Extrême-Orient.

Aussi déchantera-t-elle à son tour, l'Allemagne qui trafique; elle ne trouvera plus, comme au début de la guerre, de « lied » pour célébrer les vertus japonaises et la sauvagerie russe. La Russie cependant était son meilleur client, à cette nouvelle Allemagne. Mais c'est une Allemagne de parvenus et d'enrichis qui méprisent le pauvre Slave dont le gilet n'est pas barré d'une massive chaîne d'or — ou plus souvent de doublé, — comme en portent les plus pauvres de ses commis. Cependant, reparaîtront à l'égard de la Russie toutes les grâces de sa Gemüthlichkheit, de son affabilité caressante, lorsque baisseront les actions de ses grandes Compagnies de navigation sous le coup de la concurrence, victorieuse jusque dans le port de Hambourg même, des Compagnies Nippon Yusen, Osaka Shosen, Togo Kisen ou Mlisui Bussan.

Mais il semble que l'opinion publique allemande se ressaisit; on dirait qu'elle sent à son tour le danger qui nous menace tous, qui menace plus particulièrement son commerce et son avenir.

Dans cet étonnant mouvement d'opinions, c'est naturellement en France, le pays des paradoxes, où l'étude des sympathies russes a été l'objet, pendant la guerre dernière, des plus extraordinaires réflexions.

Et cependant, que nous le veuillions ou

non, nous sommes étroitement vissés — qu'on me pardonne l'expression — à la cause de la Russie. C'est un fait patent, d'une matérialité si évidente qu'il est inutile d'y insister. Que de têtes folles néanmoins, et aussi de têtes qui se croient sages qui ont applaudi aux succès des Japonais! On comprend à la rigueur les périodes déclamatoires des politiques qui ne voient dans la cause russe que celle d'un autocrate dont ils haïssent le régime; leur ignorance leur fait préférer la tyrannie oligarchique et féodale du Japon au régime communiste de la zemtvo russe qui, un peu poussé, semblerait être une sorte d'idéal collectiviste.

Où la recherche des causes de cet engouement pour le bonhomme jaune devient vaine, c'est dans les milieux populaires où l'on sent évidemment que notre alliance avec la Russie cimente pour une part importante notre sort à celui de cette puissance, c'est dans les milieux cultivés où l'on n'ignore ni l'abîme cérébral qui nous sépare du Japonais ni le danger que l'accroissement de sa puissance fait courir à notre empire indo-chinois et à notre commerce avec la Chine.

Quand donc apprendrons-nous à ne voir dans les questions de politique extérieure que des intérêts matériels pratiques, sans en obscurcir la vision par des considérations de sentiments! En ces questions, le juste et le beau n'existent, chez les peuples qui veulent être forts, que dans la mesure où la Justice et la Beauté servent sa grandeur et ses intérêts.

Ces pauvres Japonais inoffensifs, si doux, si pacifiques, violentés, menacés dans leur indépendance modeste par le brutal colosse moscovite! On prenait leur parti, celui du faible contre le fort. Pour peu qu'on pressât certains Européens japonisants, ils auraient déclaré que, à leurs yeux, être avec le Japon, c'était aller du côté de la civilisation et du progrès!

Nous étions bien quelques-uns qui affirmions, parce que nous le savions de source certaine, — je veux dire parce que nous avions vu, — que le Japon, en Extrême-Orient, sur son terrain, était sur mer et sur terre un adversaire redoutable pour nous tous, gens de race blanche. D'aucuns même osaient proclamer combien superficiel était le vernis de civilisation des Japonais des classes supérieures, et combien irréductible était dans le peuple comme chez les premiers le sentiment inné de l'infériorité de l'aryen sur le jaune. En vain faisions-nous remarquer que de notre civilisation on n'avait pris que les armes pour nous battre, et des articles de nos Codes seulement le nécessaire pour se débarrasser des capitulations. Cependant on continuait à ne voir dans le Japonais, à travers une sensibilité dont celui-ci s'amusait fort, que le petit homme paisible, tout imbu du désir de s'instruire, de se rapprocher de nous, de nous égaler dans les lettres, dans les sciences et dans les arts; on caressait de souhaits victorieux ce frère puîné qui semblait d'autant plus intéressant qu'il apparaissait à nos yeux revêtu des qualités charmantes que dans une vue très superficielle de ses mœurs nous lui avions attribuées. Il nous plaisait uniquement de voir en lui, dans un cadre d'une fraîcheur idyllique, le représentant d'une humanité différente de la nôtre, mais si douce, si gracieuse, si avenante, que les imaginations et les cœurs allaient spontanément à elle.

En France, lorsqu'on prenait parti pour la Russie, on semblait ne le faire que par raison d'État : « Nous nous devons à la foi jurée, il nous faut donc désirer le succès final de la nation amie et alliée ». Mais lorsqu'on étudiait le rôle civilisateur des deux races, les dangers ou les avantages de l'accroissement de leur influence dans le monde, presque toujours sourdaient les sympathies pour le bonhomme jaune à l'art duquel nous ne devons guère que les kakémonos.

Maintenant, après quinze mois d'une guerre sanglante, il me paraît qu'enfin s'éteignent ces dithyrambes louangeurs et ces sentiments de bon vouloir pour cet ennemi, très dangereux parce que fourbe et uniquement guerrier.

Certains échos nous ont appris que là où il était soustrait à la surveillance gênante de l'Européen, le Japonais volontiers se laissait aller au plaisir national de torturer blessés et prisonniers ; des reporters très informés sur l'Extrême-Orient et de grand courage, tel M. Pettit, n'ont pas craint de publier, du Japon même, leur sentiment sur l'état d'esprit qu'ils constatent dans le peuple. Ils le voient affolé d'orgueil, plein de mépris pour l'Européen, exalté dans d'inouïes proportions par la supériorité qu'il s'attribue sur nous, ne rêvant que guerres et massacres d'Ocidentaux avec une inébranlable certitude des victoires finales qui lui donneront l'Empire de l'Asie, peut-être même celui du monde entier.

Ce fanatisme délirant, tout le monde peut le constater — car il s'affiche — aussi bien chez les hommes que chez les femmes; les enfants eux-mêmes y participent et en témoignent par des jeux cruels. A la ville, dans les campagnes, toute la population, plus de quarante-huit millions d'êtres, en sont secoués au point qu'ils se feraient tuer jusqu'au dernier pour l'accomplissement de leur rêve d'orgueilleuse folie. Victorieux, vaincu, ce peuple reste un danger pour la paix du monde tant que ses moyens matériels lui permettront de faire la guerre; car qu'on ne s'y trompe pas, c'est un peuple guerrier avant tout, ce peuple que, naïvement, nous nous représentions comme infiniment amoureux de la paix et des arts. Ses succès sur le Russe n'ont fait que le confirmer dans sa certitude qu'il est le peuple marqué au front pour régler les destins du monde.

Une fourberie presque géniale, un mépris absolu de la mort, une discipline innée le rendent au plus haut point redoutable. La guerre dernière a sans doute dessillé les yeux des Occidentaux les plus portés, jadis, à le soutenir ; c'est du moins grandement à souhaitei, car la répercussion de ses victoires en Mandchourie se fait sentir fâcheusement pour nous dans toute l'Asie. Six-cents millions d'indigènes, Chinois, Indo-Chinois, Indiens, se sont sentis au cerveau une bouffée enivrante d'orgueil à chaque nouveau succès japonais. Il y a là un péril qui doit associer étroitement toutes les puissances européennes qui possèdent ou commercent en Asie.

La France, pendant cette guerre, a reçu quelques avertissements qui, peut-être, ne seront pas perdus. J'ai toujours affirmé l'existence d'actives et suspectes menées japonaises en Indo-Chine et au Siam; or, on sait qu'il existe un plan d'invasion d'une armée japonaise au Tonkin, établi avec un soin minutieux qui ne laisse aucun doute sur le sérieux qu'apporte l'état-major du Nippon à ce projet.

Pour bien montrer le cas qu'on fait de nous, un croiseur japonais arrêtait dans la mer de Chine, au cours des hostilités avec la Russie, un paquebot de la Compagnie des Messageries Maritimes et s'y livrait à une perquisition prolongée dans des formes inconvenantes; or, les paquebots-poste de cette Compagnie ont des itinéraires fixes, immuables, des escales impératives, qui ne leur laissaient aucune possibilité de se livrer à la contrebande de guerre puisqu'ils ne touchaient en aucun point de la Chine ou de la Sibérie où ils eussent pu la débarquer au profit de la Russie.

Cette arrestation d'un de nos navires était l'exercice d'un droit, je le veux bien; mais dans de pareilles conditions elle n'était, de la part des Japonais, qu'une vexation et une affirmation d'autorité, une nouvelle démonstration d'orgueil.

Cet orgueil, c'est l'âme même du Japon. Interrogez le soldat, le paysan, le portefaix sur la grandeur de son pays, même l'enfant à ses premiers jours d'école; tous vous diront que le Japon est au-dessus de toutes les nations. A l'exaltation de la réponse vous sentirez quel fanatisme anime ces bonshommes jaunes dont près de cinquante millions se pressent autour d'un trône que surmonte une idole dont un seul geste suffirait pour jeter tout ce peuple, aveuglément, follement, irrésistiblement à de nouvelles guerres.

Et c'est cet orgueil infini, aiguisé par la

faim, qui crée le péril japonais; au fur et à mesure que de nouveaux avantages signalaient les opérations des armées japonaises, cet orgueil devenait plus démonstratif, plus agissant. Il sera bientôt difficile de parler raison avec le Japon dans les mille petites difficultés qui naissent constamment entre les peuples; lorsqu'il sera reposé de ses récents efforts, les nations occidentales en relations avec l'Extrême-Orient auront peine à se défendre contre ses prétentions, puis contre ses abus. La Chine elle-même, galvanisée par son attitude provocatrice et par son mépris de l'Européen, se joindra à lui. Déjà elle arme dans ce but.

Alors commencera la grande mêlée des peuples jaunes et des peuples aryens. Quels désastres matériels, financiers, économiques et moraux déchaînera-t-elle? C'est avec épouvante que, vainqueurs ou vaincus, nous en mesurerons l'étendue. Et ces ruines, cet écroulement du labeur d'un siècle de toute une race seront les fruits de notre sentimentalité vraiment risible pour qui connaît le Japon, sentimentalité grâce à laquelle nous l'avons aidé à s'armer et à aiguiser contre nous toutes ses facultés, tous ses sens, tout son génie.

Cependant, il est peut-être temps encore pour l'Europe d'adopter une politique extrême-orientale plus conforme à ses véritables intérêts.

Il faut, pour la paix du monde, que le Japon soit ramené à un rôle plus modeste qui lui interdise désormais toute visée hors de ses îles et de la Corée.

Il importe de ne pas terminer l'esquisse de la situation mondiale des Japonais sans préciser celle où ils se sont placés en Indo-Chine. Il suffira, pour ce faire, de quelques faits.

Le plan d'invasion du général Kodama, dont le caractère apocryphe n'a pu être soutenu, a montré que, militairement, le Japon étudie très soigneusement tous les moyens d'action contre notre colonie. Il lui reste une tâche importante à accomplir : celle de préparer nos sujets annamites à l'idée d'accueillir ses soldats en libérateurs, à l'idée de se soulever contre nous dès la déclaration de guerre.

Comme on va pouvoir en juger, il s'y emploie activement, par des moyens divers.

Je crains qu'une certaine petite nouvelle de leurs cartes postales inondant le Tonkin, ait, en son temps, passé inaperçue; elle vaut cependant qu'on s'y arrête.

Si ce particulier commerce n'avait d'autre inconvénient que celui de créer une concurrence nouvelle à notre industrie, je n'en serais pas autrement inquiété; l'importance en serait maigre et elle serait contrebalancée par l'intérêt artistique que comporte d'une façon indéniable cette production nipponne. La finesse du trait, la naïveté voulue du sujet, les teintes très douces, très fondues qui la colorent, tout cela donne à la carte postale japonaise un charme que sont loin d'atteindre celles qui nous viennent par milliers de grosses d'Allemagne et d'Autriche.

Il n'y aurait donc aucun sujet d'alarme dans l'invasion de cette imagerie spéciale si elle n'était spécialement réservée à notre colonie de l'Indo-Chine, si les motifs tendancieux qu'elle cultive n'étaient si clairement apparents, et si, enfin, son bon marché dérisoire n'en faisait un facile article de propagande dangereuse.

Que représentent en effet ces petits cartons aux tonalités effacées, si tendres? Des soldats japonais, les vainqueurs des Russes, venant au secours de leurs frères annamites opprimés par nous et nous chassant honteusement de l'Indo-Chine. Toutes les variantes que l'imagination la plus dévergondée et le patriotisme le plus enragé peuvent faire concevoir s'étalent dans cette curieuse collection. A la regarder de près, à étudier l'idée qui a présidé à sa facture, on ne peut avoir de doutes sur les résultats que leurs lanceurs avaient en vue en en composant les sujets et en en réglant la valeur artistique et commerciale. Seuls, de fins observateurs, connaissant merveilleusement l'âme annamite et très pénétrés du but qu'ils poursuivent, ont pu réunir toutes les conditions diverses nécessaires pour faire d'une carte postale en Indo-Chine un objet de préparation certaine des esprits à l'idée de la supériorité japonaise, à celle de la fraternité de races qui lie le Nippon à l'Annamite, et à l'espoir pour celui-ci d'une prochaine délivrance du diable d'Occident.

Il est évident que l'auteur des tableautins qui récemment circulaient encore entre les mains de nos sujets ne s'est aucunement préoccupé de l'effet qu'il pouvait produire sur l'Européen. La composition et l'image sont adaptés aux usages et à la mentalité annamites. Dans les diverses scènes où s'entrechoquent Russes, Japonais et Français, le soldat de chacune de ces nations est dépeint non par une minutie de reproduction fidèle de l'uniforme; seuls, les traits caractéristiques de race et de costume sont en relief. Les attitudes, dans un grotesque exagéré, sont bien celles de l'imagerie chinoise et annamite; elles sont expliquées en caractères chinois communs, ceux que tout homme du peuple sait épeler au Tonkin.

Le Russe et le Français, outrageusement rossés par le Japonais, prennent dans leur désarroi ou dans leur fuite toutes les apparences de ces barbares qu'écrasent, sur les pannaux en papiers coloriés à bon marché qui pendent aux murailles des plus pauvres cases, les guerriers annamites fabuleux.

Au point de vue commercial, sans être grand clerc en la matière, on admettra difficilement, étant donné leur prix, que le lancement de ces cartes soit une bonne affaire. Si encore elles n'étaient qu'une réclame pour le Japon; si elles n'avaient pour but qu'ouvrir le marché indo-chinois à la production japonaise. Il suffit de feuilleter la collection pour être convaincu qu'aucune question économique n'est visée et qu'une question politique est seule en jeu :

Celle de la préparation des esprits à la domination de l'empire du Soleil-Levant.

Qu'on y prenne bien garde. Les Annamites n'étaient que trop enclins déjà à considérer les Japonais comme des frères aînés et riches auxquels il serait tout naturel d'obéir.

En veut-on quelques preuves?

En 1897, je l'ai déjà dit, le Mikado nous fit l'honneur d'envoyer au Tonkin une mission militaire officielle chargée de sceller les bons rapports existant entre la France et le Japon; cette mission, composée d'officiers qui, dernièrement, ont eu un nom dans les terribles événements de Mandchourie, était dirigée par le sous-chef lui-même de l'état-major général. Nous eûmes la naïveté non seulement de l'accueillir, non seulement de la promener dans le Delta et sur la frontière de Chine, mais encore celle plus fâcheuse de faire tirer le canon partout où elle passa.

Les Annamites, leurs mandarins en tête, s'étonnèrent tout d'abord de ces honneurs insolites réservés aux hauts personnages français, qui étaient prodigués à ces petits bonshommes jaunes déguisés en soldats européens. Mais à mesure qu'ils entraient en relations directes avec ceux-ci et échangeaient une correspondance que l'usage commun des caractères chinois rendait facile, leurs sentiments se modifiaient. Ils approuvaient; et, chose plus grave, ils se montraient disposés à obéir à ces guerriers de leur race qui avaient su acquérir chez les Français un tel prestige.

J'ai vu de solennels mandarins que les ordres les plus précis et les plus urgents de nos administrateurs ne faisaient pas se départir d'une lenteur calculée; j'ai vu ces mêmes mandarins se hâter, courir même, pour exécuter les désirs exprimés en caractères chinois sur le carnet d'un officier de la mission.

Dans ce même temps, l'autorité militaire vendait à Hanoï, dans la citadelle, les chevaux arabes qui avaient jusqu'alors servi à la remonte. Deux officiers japonais en costume assistaient aux enchères et y prirent part. Pour juger de la valeur des chevaux ils ordonnaient aux artilleurs indigènes qui les présentaient de les faire trotter, galoper; que sais-je? Or, c'est en un annamite très compréhensible qu'ils commandaient à nos soldats; et, chose à retenir, ceux-ci leur obéissaient avec un naturel, une complaisance, je dirai même un plaisir si évident que nous en fûmes tous interloqués. Pour aucun de nous il n'était douteux que jamais nos hommes ne nous avaient obéi de si bon cœur.

S'il n'y avait que cela, on pourrait objecter que le Japonais n'est pas responsable des sympathies qu'il excite en Indo-Chine pas plus que de celles qu'on lui voue en France; nous ne saurions lui en vouloir.

Mais, hélas! il ne faut plus nous bercer de l'idée rassurante que le Japon n'a pas de vues précises, prochainement menaçantes, sur notre colonie.

De mon temps, il y a quelques années à peine, les maisons de prostitution japonaises pullulaient au Tonkin; elles étaient ouvertement le refuge, le centre d'action aussi, de tous les Japonais occupés vaguement à des professions vagues également, mais errantes, qui les promenaient dans tout le pays. Comme exemple frappant je citerai ces fameux bonzes dont on parle encore à Hanoï et qui, morts tous deux dans une des maisons de tolérance japonaises de cette ville, eurent, parties de ce lieu profane, des obsèques éclatantes.

Maintenant, le système s'est perfectionné. Des commerçants japonais accolés de commis suspects et très voyageurs, se sont établis un peu partout, particulièrement à Hanoï. Ils vendent à des prix dérisoires, ils ont un entregent admirable qui leur permet de longues et amicales causeries avec leurs clients.

Il y a, près de l'ancienne citadelle, un charmant petit ménage japonais qui tient boutique; mari et femme sont non seulement gens fort bien, mais gens du monde, élevés à l'européene. Le mari est très instruit et écrit beaucoup, il note plus encore. Son magasin est un salon de conversation fort couru des Européens et des Annamites lettrés.

Les allées et venues de ces étranges commerçants sont si nombreuses, si injustifiées, leur inexpérience des affaires et leur indifférence au gain sont telles que la presse indo-chinoise s'en est émue et a jeté un cri d'alarme.

L'engouement pour le Japonais est encore assez de mode en France pour que personne ne l'ait entendu. Cet engouement n'ira cependant pas, je l'espère, au point où nous consentirions à dire « merci » au Japon le jour où il nous débarrasserait de l'Indo-Chine.

Il est ainsi évident qu'après la Russie, la France était la nation directement visée par la monstrueuse ambition du jeune et vigoureux empire ; elle l'est encore.

Ne ferons-nous rien pour nous protéger contre ce danger, le plus grave qui nous ait menacés depuis trente années?

III

Situation de l'Indo-Chine.

Au mois de février 1904, pendant qu'en Europe on espérait encore une solution pacifique de la chicane cherchée à la Russie par le gouvernement mikadonal, l'escadre japonaise attaquait traîtreusement à Port-Arthur la flotte russe et lui mettait hors de combat ses meilleurs navires.

Avec les Japonais, ça ne traîne pas. Voilà des gens qui ne s'embarrassent pas de vieilles formules et de scrupules gênants !

En 1894, la guerre avec la Chine avait déjà commencé de pareille sorte : le transport chinois *Konshung*, chargé de onze cents réguliers chinois, avait été coulé, le 27 juillet, d'un coup de torpille par un croiseur japonais, sans autre forme de procès, alors que la guerre n'était officiellement déclarée que le 1er août. A cette date, il y avait près d'un mois que le Japon avait débarqué six mille hommes à Chemulpo; deux jours avant la déclaration de guerre cette division attaquait et battait à Seikan les forces chinoises.

Je pense que ces exemples ne seront pas perdus pour nous.

Nous devons nous tenir pour avertis. Le Japon est sorti agrandi de la guerre dernière; nous aurons à brève échéance affaire à lui au sujet de l'Indo-Chine.

Son jeu vis-à-vis de cette possession française a été trop clair jusqu'à ce jour pour qu'il nous reste le moindre doute. J'en ai parlé nettement.

Il n'est pas un esprit quelque peu clairvoyant et au courant des choses de l'Extrême-Orient qui n'ait la conviction que le Japon désire ardemment mettre la main sur notre colonie.

Combien ces terres chaudes et fertiles, fertiles en riz surtout, combien cette population douce, laborieuse, industrieuse, semblable en plus d'un point aux populations agricoles japonaises, complèteraient avantageusement l'empire du Mikado !

Lorsque j'étais au Tonkin, par ordre supérieur, j'ai dû recevoir avec les plus grands honneurs et en lui laissant toute latitude pour voir et étudier, cette mission militaire japonaise dont j'ai déjà parlé. Je puis affirmer que les officiers qui la composaient ne perdirent pas leur temps ; et je n'arrive pas encore à comprendre dans quel but leur furent données les facilités dont ils usèrent si complètement de noter dans les moindres détails les points faibles de notre situation au Tonkin.

Depuis, l'Indo-Chine a été de nouveau

parcourue en tous sens par des agents japonais. En outre d'une moisson de renseignements précieux, ils ont rapporté de leurs opérations secrètes l'assurance que nous n'étions nullement en état de résister à une agression du Japon. On ajoute même qu'en maints endroits ils ont lié avec d'importants personnages annamites des relations qui, en temps de guerre, leur seraient d'un secours précieux.

Somme toute, le terrain est préparé. Dès que l'occasion s'en présentera le Japon saura l'utiliser.

Nous n'espérons plus, je pense, qu'après quelque chicane du domaine diplomatique succédera une longue période de « tension politique » pendant laquelle nous aurons tout le loisir d'armer l'Indo-Chine, de la mettre en mesure de recevoir dans de bonnes conditions un choc qui nous sera annoncé par une déclaration de guerre.

C'est dans les ouvrages de technique militaire qu'on escompte ces bienheureuses lenteurs.

Dans la pratique, avec le Japon à coup sûr, lorsqu'en France nous envisagerons encore une possibilité lointaine de guerre, déjà nos côtes indo-chinoises seront attaquées.

Or, sommes-nous prêts à rejeter à la mer les centaines de mille hommes que les flottes japonaises peuvent débarquer au Tonkin, en Annam, en Cochinchine?

De défense au large des côtes, il ne saurait actuellement être question.

Notre division navale est, par le nombre des navires, par leur valeur militaire, une force dérisoire au regard de la flotte japonaise. Très heureux serons-nous si elle arrive à se terrer à temps dans les boues de la rivière de Saïgon pour ne pas servir de premier trophée à l'ennemi.

Notre défense mobile est embryonnaire

On admettra bien avec moi que le contre-torpilleur chinois *Takou*, nos quelques torpilleurs de première classe, les deux sous-marins et les torpilleurs de troisième classe démodés et usés qui pourrissent dans les vases des arroyos de Cochinchine, auraient une efficacité défensive peu notable. Au reste, leurs équipages étant tenus à effectif réduit et la maladie désorganisant constamment le peu qu'il en reste, ils seraient à peu près incapables d'armer en guerre et de surveiller les abords du cap Saint-Jacques.

Quant à la défense terrestre côtière, si elle était assurée de telle sorte que nos principaux ports indo-chinois fussent sérieusement couverts contre un coup de main, je me déclarerais satisfait. Il n'en est malheureusement pas ainsi.

On peut estimer à la rigueur que Saïgon est dès maintenant suffisamment abrité contre une attaque inopinée, grâce surtout à sa situation reculée au fond d'une rivière dont l'entrée peut être facilement barrée par des mines sous-marines. Mais encore faut-il que ces mines soient prêtes et que le personnel nécessaire à leur surveillance et à leur mise en action soit constamment sur place. Les batteries du cap Saint-Jacques battent de leurs feux l'entrée principale de la rivière; mais elles en protègent inefficacement l'entrée secondaire, celle du Soirap; de plus, elles sont exposées à être enlevées par un corps de troupe qui débarquerait à revers, sur la plage de Ti-Ouan.

Et l'arsenal, où en est-il de son outillage?

Tourane, la porte de Hué, n'est pas défendue.

Au Tonkin, Haiphong et les mines de Hon-gay le sont par un système de batteries si insuffisant qu'on ne peut compter sérieusement sur l'inviolabilité de ces deux points vitaux.

Rien n'a été fait, ou à peu près, pour

rendre la baie d'Along le refuge qu'elle devrait être de nos flottes, et le siège d'une défense mobile qui interdirait totalement à une escadre ennemie l'abord des côtes tonkinoises. Son hydrographie n'est même pas achevée.

Quant à Quang-Tchéou-Wan, c'est un vrai guêpier où, dès le début des hostilités, nous perdrons tout ce que nous aurons mis, navires et troupes.

La défense terrestre sera-t-elle suffisamment assurée par les troupes que nous entretenons en ce moment même en Indo-Chine?

Je vais en faire le compte. Lorsque j'aurai ajouté que ces troupes sont réparties sur un territoire grand comme la France dont les diverses parties sont encore sans communications entre elles, il sera facile d'imaginer leur effet utile, quels que soient du reste leur entraînement, leur bravoure, quelle que soit la fidélité des troupes indigènes qui en forment la majeure part.

Leur effet utile? Si encore il ne devait être envisagé qu'au point de vue de l'agression japonaise! Mais là ne sera pas uniquement la tâche de nos troupes. Elles auront dans le même temps à maintenir en l'obéissance vingt-deux millions de sujets de race jaune plus enclins sans doute à considérer en cas de guerre le Français que le Japonais comme ennemi; elles devront faire face à une offensive certaine du Siam et elles pourvoiront à garantir des centaines de kilomètres de frontière contre l'invasion de milliers de pseudo-pirates chinois!

Or, à vrai dire, jusqu'à ces derniers jours, le corps d'occupation d'Indo-Chine était organisé, ses moyens conçus, seulement en vue du rôle de gardien de la paix à l'intérieur et de protecteur de nos frontières terrestres contre le Siam et la Chine.

Aussi, non seulement les effectifs et le

matériel d'artillerie étaient-ils dérisoires au regard de l'invasion japonaise; mais, comme nous conservions, dans l'hypothèse adoptée, nos communications avec la France, nous n'avons installé aucune fonderie de projectiles, aucune fabrique de poudre, aucune cartoucherie. De telle sorte, qu'en guerre avec le Japon, dès les premiers combats nos approvisionnements en munitions étant épuisés, nous n'aurons plus qu'à rendre les armes.

Depuis quelque temps nous avons en Indo-Chine, sur le papier du moins, un corps d'armée à trois divisions dont deux stationnées au Tonkin et une en Indo-Chine.

En Annam, un seul bataillon!

Le total de ces forces représente environ 35 000 fusils et 140 canons. Les deux tiers de l'infanterie sont indigènes.

Quant à la réserve, elle compte de 18 000 à 20 000 anciens tirailleurs; mais elle n'est pas encore organisée d'une façon sérieuse. Les compagnies actives sont fortes de 250 hommes en temps de paix; elles seraient portées à 400 hommes par la mobilisation, et, par suite, obligées de se dédoubler. Pour ce faire, il leur faudrait un cadre européen supérieur de moitié à celui qui existe.

Il parait inutile de s'étendre longuement sur l'organisation de ce corps d'occupation; les détails qui le concernent sont connus; les divers annuaires en donnent l'état.

Mais ce qui est ignoré, c'est la valeur et la situation d'une troupe spéciale à l'Indo-Chine, la Garde Civile Indigène, dont les effectifs passent 17 000 hommes des meilleurs soldats annamites sur lesquels nous puissions compter. Malheureusement, on a laissé ce sérieux élément de force défensive dans un état inorganique tel qu'en temps de guerre il ne rendra que peu de services, si l'on n'y met ordre dès maintenant.

Pour l'immense majorité des Français, tout ce qui a trait à la Garde Civile de l'Indo-Chine est lettre morte. Qui sait ce qu'elle peut bien être, en dehors des milieux véritablement coloniaux? Aussi, est-il indispensable d'expliquer tout au long qui elle est, et l'important appoint qu'elle représenterait pour la défense de la colonie.

La place me manque pour en faire l'historique même rapide; il serait intéressant à plusieurs égards. Il me suffira, pour faire comprendre les grandes lignes de son rôle, glorieux dans le passé, si considérable dans le présent, d'expliquer comment est née cette milice indo-chinoise désignée officiellement sous le nom de garde indigène.

On sait combien lentement et péniblement fut pacifié le delta tonkinois. Lorsque Paul Bert prit en main le gouvernement de la colonie on peut affirmer qu'il n'y avait pas de province dans laquelle chaque jour ne fût marqué par quelque acte de grande piraterie. Parmi les problèmes que ce savant avait à résoudre était celui d'implanter au Tonkin l'administration civile. Certains prétendent que la mesure était prématurée ; lorsque la maison brûle encore, disaient-ils, le moment n'est pas venu d'en retirer les pompiers. Aussi ne retira-t-il pas les militaires, mais il en donna la direction aux administrateurs civils qu'il avait amenés avec lui.

Ce fut, dans toute l'armée, un *tolle* général. On avait déjà vu d'un fort mauvais œil un civil, fût-il Paul Bert, remplacer comme résident général le chef du corps expéditionnaire. Quoiqu'il eût pu paraître naturel que ce civil fût représenté dans les provinces par des civils participants de son esprit et de ses méthodes, la mesure créa entre les deux services une zizanie, une inimitié même que, seul, douze ans après, M. Doumer parvint à calmer.

Cantonnés derrière leurs règlements, les

officiers chefs de poste ou de détachement trouvaient cent prétextes valables pour ne pas exécuter les ordres de mouvements des Résidents, ou, lorsqu'ils les exécutaient, c'était en complète indépendance et sans tenir le moindre compte des instructions que ceux-ci ne manquaient pas d'y joindre. Réglementairement c'était leur droit. Grâce à cette anarchie, chaque province brûlait aux quatre coins, et souvent même au centre. Pour donner aux chefs de province la force militaire qui leur manquait, le Résident général créa de toutes pièces des compagnies d'infanterie qui restèrent conventionnellement « civiles » grâce à l'étiquette de « force de police » qu'il leur donnait. Il en était constitué une par province; chacune d'elles avait un effectif qui, selon les besoins, variait de 300 à 700 hommes, parfois plus. Les soldats, recrutés parmi les tirailleurs indigènes libérés de la province et dans le contingent des communes, étaient encadrés par des chefs français, anciens militaires de l'armée active ou de la réserve. Ceux-ci, sous la dénomination d'inspecteurs et de gardes principaux de diverses classes, remplissaient respectivement les fonctions d'officiers et de sous-officiers; leurs insignes étaient différents de ceux de l'armée. Si le recrutement de ce cadre européen laissait quelquefois à désirer, celui des indigènes était l'objet d'une sélection minutieuse; aussi cette troupe, sous la direction des Résidents, conquit-elle rapidement d'abondants lauriers dans les rencontres continuelles qu'elle eut avec les pirates un peu partout, pendant plus de dix années. Elle peut revendiquer à bon droit la plus grande part dans la pacification du Delta.

Depuis sa création, son organisation n'a pas changé ; son rôle, en paix, est toujours un rôle de police armée ; mais le recrutement de son cadre s'est amélioré au point qu'on peut la considérer maintenant comme une troupe d'élite. Au reste, une grande partie de son personnel indigène sort directement des régiments de tirailleurs, et seuls les soldats libérés avec d'excellentes notes y sont admis.

Pour des commodités administratives indiscutables, la garde indigène est restée entièrement dans la main de l'autorité civile, dont elle dépend exclusivement pour le service comme pour l'avancement; il a été cependant décidé, par la loi de 1900, que, conformément à nos lois constitutionnelles, en temps de guerre, elle passerait sous le régime militaire.

Voilà donc une armée de seconde ligne de 15 à 18 000 hommes sur laquelle le général commandant en chef les forces indo-chinoises peut faire fonds dès la déclaration de la guerre. Or, il faut remarquer qu'elle est la seule troupe indigène constituée dès le temps de paix comme elle le sera en guerre. Force provinciale non seulement par son recrutement mais encore par son service, elle connaît merveilleusement tous les coins et recoins, tous les hommes, toutes les ressources, tous les moyens de la province; c'est donc, par excellence, une force défensive de premier ordre. Elle est appelée à nous rendre, au cas d'une agression de l'Indo-Chine, les plus signalés services.

Dans ces conditions on eût pu penser que, de longue date, on avait songé à mettre certains points de son organisation en rapport avec son rôle futur. Peut-être, en effet, y a-t-on songé; mais on n'a rien fait jusqu'à ce jour. Cependant les mesures à prendre ne sont guère de nature à créer de grandes dépenses ni de fortes chicanes. En quoi consistent-elles?

J'ai dit que la garde indigène était une force essentiellement provinciale; mais il n'en faut pas conclure que chacune des compagnies restera, en guerre, cantonnée dans sa province. On ne se battra pas partout à la fois. On tiendra l'ennemi en respect sur un front déterminé qui ne comprendra qu'un nombre limité de provinces. Derrière ce front, en profondeur, d'autres provinces s'étagent jusqu'aux frontières non menacées. Les compagnies de milice de ces provinces ne resteront pas certainement inactives, sur place, alors qu'on se battra en avant, et que, sur le théâtre des opérations, de notre côté du moins, ce qui manquera le plus ce seront les fusils à mettre en ligne; elles serreront donc sur le front et s'amalgameront en bataillon dans chacun des secteurs de défense. Qui commandera ces bataillons? Ce serait une fâcheuse erreur que de mettre à leur tête des officiers de l'armée qui leur ont été jusque-là complètement étrangers; il est indispensable que cette troupe reste autonome sous le commandement de ses chefs habituels; c'est une indication de pur bon sens. Or, cette troupe ne possède aucun gradé de situation plus élevée qu'inspecteur de première classe, c'est-à-dire capitaine. Il est donc urgent qu'il soit créé autaut de fonctions d'inspecteurs principaux destinés à commander les bataillons de gardes civiles qu'il est prévu de formations de ces unités en guerre.

Il est de plus nécessaire qu'à côté du gouverneur général en temps de paix, dans l'état-major du général en chef en temps guerre, un haut fonctionnaire représente cette arme. Ce sera le rôle de l'inspecteur en chef.

Ces nouveaux grades donneront au cadre le débouché d'avancement qui lui manque; ils exciteront l'émulation des inspecteurs de première classe qui, arrivés à ce point culminant de leur carrière, somnolent parfois en attendant leur retraite.

D'autre part, on doit reconnaître dès le temps de paix aux divers gradés de la garde indigène la situation qu'ils auront en temps de guerre. Les inspecteurs des diverses classes doivent être officiers de réserve des divers grades et en porter les insignes. Les avantages de toute nature qui sont l'apanage des officiers doivent être les leurs lors qu'ils en revêtiront la tenue et les insignes, c'est-à-dire toujours puisqu'ils sont toujours en service militaire. Discute-t-on toutes ces choses si naturelles lorsqu'il s'agit de douaniers et de forestiers? Comment les refuserait-on plus longtemps à de très dignes chefs de troupes armées, qui ont pour métier de se faire casser la tête non seulement en temps de guerre, comme tout le monde, mais aussi en temps de paix!

Pendant mes trois dernières années de séjour au Tonkin nous fûmes en pleine paix officielle; dans la province que j'administrais, le Yen-Thé, les pirates me tuèrent cinq de ces braves gens et pas un officier de troupe.

Le traitement fait au cadre européen de la milice constitue une injustice flagrante;

il est de plus d'une maladresse insigne, car il diminue pour de vaines questions d'étiquette et de préséances la valeur morale d'un personnel si précieux pour la défense de l'Indo-Chine.

Ce ne sera pas au milieu du désarroi causé par l'attaque brusquée dont est menacée notre colonie qu'on pourra songer à organiser la garde civile indigène en vue de la guerre.

*
* *

Est-il besoin d'insister pour prouver que la plus riche, la plus prospère de nos colonies est à la merci du Japon qui la convoite?

Faut-il être grand homme de guerre pour concevoir les moyens immédiats qui lui manquent pour la mettre à l'abri d'un coup de main certain et peut-être relativement proche?

Que l'armée coloniale soit rendue tout entière à son rôle qui est, si son nom ne ment pas, de défendre nos colonies.

Et alors les hommes et les moyens ne manqueront pas : la brigade d'infanterie coloniale de Paris, un régiment sur deux dans les ports de guerre, le régiment d'Hyères, celui de Perpignan; le régiment d'artillerie de Nîmes, celui de Cherbourg. Voici tout de suite un corps d'armée disponible.

Que la marine rende à ce corps d'armée une partie de ses officiers d'artillerie, ingénieurs et constructeurs, et l'existence des établissements de réparations et de fabrication de munitions aux colonies est assurée. Qu'elle crée des défenses mobiles et fixes sérieuses à Saïgon et en baie d'Along, et les œuvres vives de l'Indo-Chine sont à couvert.

Mais la relève de toutes ces troupes, dira-t-on?

L'armée française tout entière est là pour l'assurer. Si dans ses trente mille officiers on ne trouve pas chaque année les centaines de volontaires nécessaires, qu'on désigne d'office le cadre de relève indispensable.

Mais la cloison étanche entre les deux armées? L'autonomie?

Ceci, ce sont des mots dont on s'est payé en attendant mieux. L'heure n'est plus aux formules vaines, aux timidités enfantines, aux demi-mesures qui escomptent un avenir heureux.

Le problème est posé. Les termes en sont formels : ou doter la colonie d'une escadre légère et d'une défense maritime qui mérite ce nom ; doubler les effectifs et les moyens militaires actuels de l'Indo-Chine ; ou bien se résoudre à voir prochainement notre riche possession passer dans les mains du Japon.

*
* *

Ce serait une grave, une irrémédiable erreur que baser sur une organisation uniquement militaire la défense de l'Indo-Chine.

La sécurité est finalement tout entière, elle ne peut être que dans la maîtrise de la mer et dans la protection des côtes : défense marine fixe et mobile avant tout.

Est-il nécessaire d'expliquer longuement que, si le Japon débarque sur les rivages indo-chinois une faible partie seulement des effectifs que j'ai dénombrés, du coup, nos troupes d'occupation, quelques nombreuses que nous les y puissons entretenir, seront immédiatement submergées.

La présence de ces troupes, renforcées, mieux organisées, groupées, est indispensable pour tenir les populations et pour faire front à une surprise, pour rejeter à la mer un corps d'armée qu'habilement, traîtreusement s'il le faut, le Japon pourrait lancer à l'improviste sur le Tonkin, sur l'Annam, peut-être même sur la Cochinchine; elle sont également indispensables pour, au cas de défaite, faire honorer par leur résistance acharnée, jusqu'à la mort, le nom français; nécessaires aussi pour enlever à l'ennemi la tentation trop grande de mettre la main sur un pays dégarni.

Mais, c'est au large de l'Océan et sur les côtes que le sort de l'Indo-Chine se décidera. Il y faudra des flottes supérieures en puissance à celles du Japon; en attendant qu'elles soient venues de nos ports de France, une force navale locale, appuyée par une défense mobile et côtière suffisante, aura dû tenir l'ennemi en respect et lui interdire toute tentative de débarquement. Des arsenaux situés sous le couvert de places fortes de premier ordre seront complètement outillés pour recevoir ces escadres, les ravitailler, les réparer.

Rien de tout ceci ne s'improvise en un jour, en une année. La guerre russo-japonaise, en nous dessillant les yeux, en nous secouant de notre torpeur, en nous donnant un répit suffisant, aura sauvé l'Indo-Chine si nous voulons et si nous savons employer le temps qui nous reste avant l'inévitable guerre franco-japonaise.

*
* *

Les officiers de marine qui se sont succédé depuis vingt ans à Saïgon et à Haiphong ont fait de louables efforts pour mettre notre colonie à l'abri de toute surprise venant de la haute mer; plusieurs sont morts, d'autres se sont usés à la tâche. Et cependant, la défense maritime non seulement de l'Indo-Chine, mais même de Saïgon, est restée si au-dessous de leurs desiderata les plus modestes qu'on se demande par suite de quelle aberration le ministère de la marine est resté pareillement sourd à leurs demandes réitérées, à leurs efforts désespérés pour obtenir de lui ce qu'ils considéraient comme un étroit minimum.

Lorsque, enfin, sous la pression du ministère des colonies et de l'opinion publique, la vieille machine de la rue Royale s'est mise en mouvement, ç'a été pour ordonner des mesures clichées sur des règles générales établies pour la défense de nos ports de France, — où je ne doute pas qu'elles soient excellentes, — mais presque toujours inappropriées aux conditions si particulières, si spéciales qui seules s'adaptent à des contrées exotiques.

C'est ainsi que l'ébauche de défense maritime exécutée ces dernières années en Cochinchine ne répond que vaguement aux nécessités locales.

La Cochinchine, que l'on considère à bon droit comme la région indo-chinoise où la défense maritime joue le rôle capital, est un pays d'eau, coupé, ramifié, divisé à l'infini par ses fleuves, ses rivières, ses innombrables arroyos, auxquels est venu s'ajouter un admirable réseau de canaux. Peu de contrées ont été dotées par la nature, en même temps, d'un sol aussi riche et d'une ceinture de défenses naturelles aussi importantes.

Du côté du large, on peut dire que le delta du Mékong est inabordable.

Saïgon est située à 50 milles à l'intérieur des terres; des cours d'eau étroits mais profonds la relient à la mer, si bien que les plus grands navires peuvent s'amarrer sans rompre charge à ses quais. Mais ces routes vers la mer, l'engin de guerre le plus primitif peut les fermer ou donner à ces énormes navires de mortelles blessures.

Ici, rien de plus facile que de compléter l'œuvre de la nature; plus aisée encore est cette tâche aux portes du delta tonkinois. Au contraire, sur les côtes d'Annam, pour garantir l'inviolabilité de notre domaine une flotte entière suffirait à peine.

Comment, par suite, doit être conçue la défense maritime de l'Indo-Chine?

La Cochinchine et le Tonkin formeront deux groupes séparés, chacun d'eux ayant à sa tête un chef unique, militaire ou marin; car, si étroitement liés les uns aux autres sont les moyens de défense de terre et de mer, que c'est s'exposer à de graves mécomptes que les rendre indépendants l'un de l'autre dans le domaine de l'exécution.

Il semble bien que, par la nature même de sa situation et de sa conformation géographique, la direction de la défense de la Cochinchine doive revenir à un officier de marine placé sous les ordres supérieurs du général commandant en chef les forces de l'Indo-Chine. Au cas où le sort militaire de la Cochinchine devrait être remis dans les mains d'un général et non d'un amiral, il serait indispensable d'adjoindre à son état-major une section de marine à la tête de laquelle serait placé un officier de vaisseau de valeur reconnue.

Comment serait conçue la défense de la Cochinchine ? Elle serait et elle doit être presque entièrement maritime. Ceci est un axiome pour lequel l'examen d'une carte quelconque est une preuve suffisante.

Au large de nos côtes est un petit archipel, les îles Poulo-Condor, dont quelques-uns ont voulu faire l'axe de cette défense. C'est mal connaître les ressources défensives de ces îlots et les moyens qu'on peut, même à coups de millions, y établir, que de les considérer autrement qu'un poste d'observation dont l'importance ne justifierait que des installations peu coûteuses.

Parmi les autres projets sensationnels que les polémiques ouvertes sur la défense de l'Indo-Chine ont fait naître, un d'eux, conçu par un de nos officiers généraux, a séduit parce qu'il simplifie cette défense en la faisant exclusivement terrestre. Il semble évident, *a priori*, que les dépenses, les difficultés, les complications seront moindres si l'outillage maritime est éliminé de cette défense. Cet officier général remplace les moyens maritimes par un semis de batteries bétonnées de pièces de gros calibre, 240 mm. A chaque tournant de rivière, à chaque coude, partout il en met. Sur le papier c'est parfait. Dans la réalité, l'établissement de pareilles batteries sur le sol mouvant du delta serait ruineux. De plus, ces batteries, à ras du sol, et pour cause, n'auraient aucun commandement ; elles ne pourraient même pas espérer battre à quelque distance les chemins d'accès fluviaux en raison de l'extrême sinuosité des cours d'eau.

Avec une dépense bien moindre, une heureuse combinaison des moyens de terre et de mer donnera de tous autres résultats.

On a voulu faire du cap Saint-Jacques un point d'appui de la flotte. Or, la première condition que doit réaliser un point d'appui maritime c'est, comme on pense bien, d'offrir un abri à la flotte qui s'y appuiera. Cet abri manque complètement au cap Saint-Jacques. La baie des Cocotiers est ouverte ; la baie du Diwan est non seulement ouverte à tous les vents, mais elle n'offre même pas de mouillage pour une jonque ; au nord de Ganh-Rag, pas de mouillage pour un bâtiment de quelque tirant d'eau. Pour trouver un bon mouillage et un abri il faut aller plus au Nord, jusqu'à Can-gio. Mais nous voilà bien loin du cap Saint-Jacques! Nous sommes, à vrai dire, à l'entrée même de la rivière de Saïgon, au point précis où doit commencer la défense maritime fixe de Saïgon.

On peut accumuler au cap Saint-Jacques tous les travaux imaginables ; on ne changera rien à ceci : le cap Saint-Jacques étant dépourvu d'abri pour une flotte ne peut en être le point d'appui.

Cette conception du rôle de ce cap qui jette très en avant dans la mer, couvrant l'entrée de la rivière de Saïgon, ses hautes falaises rocheuses, est une conception d'artilleur terrien que préoccupe avant tout le choix d'emplacement de batteries. Une fois les batteries construites, les navires viendront chercher abri sous leurs feux!

La logique, si elle était la règle immuable de la pensée, eût exigé au contraire qu'on cherchât d'abord sur la côte un point où la flotte eût pu mouiller à l'aise et dans de bonnes conditions marines ; puis alors, ce point ayant été déterminé, qu'on construisît les ouvrages de défense nécessaires pour l'abriter et lui permettre de se refaire en repos.

Le cap Saint-Jacques n'offre aux navires aucun mouillage sûr, il ne peut servir de point d'appui à nos flottes. Cette position constitue en revanche un ouvrage avancé formidable du véritable point d'appui qu'est Saïgon. Tant que l'ennemi ne sera pas maître du cap Saint-Jacques il ne pourra rien entreprendre d'important contre les chemins étroits qui conduisent au port de refuge ; ce qui ne veut pas dire que cette position tombée en possession de l'assaillant celui-ci se verrait du même coup maître de la ville.

Il semble, par suite, que le cap Saint-Jacques doive être armé pour battre le miroir d'eau qui s'étend devant lui et en avant des bouches des arroyos qui remontent à Saïgon ; mais, comme cette position est entourée de plages où des débarquements sont faciles, que, de plus, elle est le point de départ de la route de terre Baria-Bien-Hoa-Saïgon, elle devra être munie d'une garnison importante, suffisante pour repousser toute attaque de vive force.

Son armement offensif ne se compose

actuellement que de pièces de gros calibre juchées sur les sommets et qui laissent au-dessous d'elles un angle mort de près de quatre à six cents mètres de largeur ; de sorte qu'en rasant au plus près la position, comme c'est du reste d'usage pour les navires qui veulent embouquer sur Saïgon, on aurait peu de chose à craindre des puissantes batteries qui couronnent les crêtes.

Ces batteries ont une raison d'être ; elles battent les abords sud du chenal de Can-gio et toute la zone de manœuvre maritime qui s'étend en avant des bouches ; mais, je le répète, elles ne battent pas le passage lui-même.

Pour y remédier, la construction de batteries basses s'impose. Il est également évident que, pour parer aux débarquements possibles, non moins que pour couvrir de projectiles dans le minimum de temps les navires ennemis qui s'engageraient dans le chenal, une nombreuse artillerie à tir rapide doit être installée tout le long de la côte.

Pour montrer combien imparfaite est la position du cap Saint-Jacques, considérée au point de vue du rôle capital qu'on a voulu lui attribuer, faut-il ajouter que son artillerie ne pourra, naturellement, battre l'ennemi que sur un bord ?

En résumé, c'est devant le massif montagneux du cap Saint-Jacques que le chenal par lequel on embouque sur Saïgon est le plus large, et une partie de ce chenal est en angle mort ! De plus, de cette position il est impossible de couvrir les navires ennemis de feux croisés.

Plus loin, à Can-gio, particulièrement où mouillent les pilotes pendant la mousson de Sud-Ouest, ces inconvénients capitaux disparaissent. Pendant les deux moussons le mouillage y est d'une sûreté absolue ; les bâtiments y sont aussi aérés que devant la petite anse des Cocotiers (cap Saint-Jacques) où ils sont malmenés par la houle au point de rendre souvent les opérations de canotage dangereuses. La baie de Can-gio, du feu blanc au feu rouge, est assez vaste pour contenir une flotte nombreuse.

Au sud du village de ce nom, des terrains compacts permettent l'établissement de batteries lourdes dont les feux se recroiseront sur un chenal qui a une largeur maximum de douze cents mètres. Pour entrer dans l'estuaire, un navire de six mètres de tirant d'eau et au-dessus est obligé de faire une route telle qu'on pourra toujours tirer sur lui à hausse constante.

Ainsi donc, le cap Saint-Jacques ne doit être considéré que comme la position avancée d'un point d'appui qui est Saïgon et qui ne peut être ailleurs.

La conception comme point d'appui de ce massif rocheux qui s'avance isolé au milieu de la mer, en avant des boues du Delta, à plus de cinquante kilomètres de tout moyen de ravitaillement et de réparations, qui n'offre sur son pourtour aucun coin où un seul navire puisse s'abriter, aucun mouillage paisible, cette conception est à tout prendre absurde.

Le cap Saint-Jacques ne peut même pas, pour toutes ces causes, être considéré comme un point de refuge. Seule, la baie de Can-gio, qui s'étrangle sur l'entrée de la rivière de Saïgon et la commande des deux bords, est apte à jouer ce dernier rôle.

Je ne voudrais pas qualifier aussi sévèrement la conception qui a présidé à l'armement de cette position. Cependant, je suis bien obligé de constater que tout ce nombreux armement de gros calibres dont le cap Saint-Jacques a été doté ne peut en aucune façon interdire l'accès de la baie de Can-gio à une flotte ennemie qui longerait son pied, comme c'est la route normale pour aller à Saïgon. Les abords de la position franchis, l'ennemi se trouverait à peu près en angle mort, aussi bien pour exécuter une opération de débarquement que pour continuer indemne sur Saïgon.

Ce n'est donc qu'en modifiant profondément l'armement du cap Saint-Jacques dans le sens que j'ai indiqué plus haut, et en armant solidement la baie de Can-gio qu'on assurera à l'entrée de la rivière de Saïgon une inviolabilité suffisante.

De ce qui précède, il est un enseignement à tirer : le choix et l'organisation d'un point d'appui de la flotte doivent être confiés à ceux qui auront à l'utiliser, c'est-à-dire aux marins; les artilleurs installeront au mieux les batteries nécessaires, mais sur les points que la marine aura choisis et dans le but qu'elle aura indiqué. Dans aucun cas ces derniers ne devront être laissés juges des nécessités créées par les besoins de la défense maritime.

Si l'on se fût conformé à cette donnée,

qui est trop logique pour avoir été suivie, nous n'aurions pas enfoui en pure perte plusieurs millions dans des excavations creusées à coup de mines au haut des falaises du cap Saint-Jacques.

La Cochinchine est le pays par excellence où les deux modes de défense maritime, défense mobile et défense fixe, doivent donner leur maximum d'effet utile. Tout ennemi s'aventurant entre les îles Poulo-Condor et le cap Saint-Jacques est exposé aux coups imprévus, par cela même irrésistibles, de la défense mobile. Sur un front de moins de soixante milles, plus de dix points peuvent servir d'observatoires bien cachés et de lieux de refuge absolument sûrs à nos escadrilles de torpilleurs.

Ces petits bâtiments doivent donc être relativement nombreux pour donner à la défense toute son intensité. Il semble que deux divisions constamment disponibles et une division de réserve, toutes trois attachées uniquement au port de Saïgon, pourvoieraient à ce desideratum.

On répète en France à l'envi que le climat de la Cochinchine est si complètement destructeur d'hommes et de matériel que ce serait folie d'immobiliser à Saïgon une force navale de quelque importance. Il y a là un préjugé assez fâcheux qu'il est bon de saper puisqu'il est un des arguments admis pour réduire au minimum les armements maritimes de cette magnifique position.

Il suffit d'avoir séjourné quelques heures à Saïgon, entre deux paquebots, pour acquérir la certitude que le climat en est très débilitant; le teint terreux des Européens qui y habitent en dit long à ce sujet. De même, un simple coup d'œil jeté sur les carcasses en fer qui pourrissent rapidement dans le port donnera la preuve de l'action corrosive et destructive du climat humide et des eaux chaudes de la rivière sur l'outillage marin. Mais si, d'aventure, on visite quelque torpilleur dont le commandant, homme très allant, est plus souvent à la mer qu'à quai, on a l'agréable surprise de ne voir à bord que bonnes figures bien saines respirant la santé, et un matériel intact en parfait état de fonctionnement. Donc, les équipages des torpilleurs qui font vraiment leur métier d'apprentissage de la guerre, fouettés constamment en mer par le vent et la vitesse, respirent à pleins poumons, mangent avec appétit et résistent merveilleusement à l'anémie palustre; leurs bâtiments aussi, surveillés dans tous leurs éléments, constamment maniés, graissés, entretenus, se conservent excellemment.

Dans les divers projets d'installation de poste de torpilleurs, je n'ai, je crois, jamais vu qu'il en fût prévu pour le Cuâ-Tieu qui est l'entrée du Mékong. Le Soirap et le

Donaï sont les seuls chenaux du delta mis en cause.

Cependant, l'importance du Cuâ-Tieu est considérable. C'est la porte du Mékong sur la haute mer. Le débit des eaux dans les deux sens, pendant la même saison, y est constant; la profondeur du chenal n'a pas varié depuis un siècle. C'est par là qu'on débouche à My-Tho, qui, autrefois, était la véritable capitale commerciale du pays. De ce que, depuis la conquête, on a négligé cette voie navigable, s'ensuit-il qu'un ennemi audacieux dût en faire autant? Il importe d'installer une station à My-Tho, d'où, par le Cuâ-Tieu, une escadrille menacerait l'ennemi dans son flanc gauche.

Les grands bâtiments venant du large n'ont devant eux que deux voies qui les puissent amener à Saïgon : le Donaï et le Soirap. On a vu que l'entrée de ce premier chenal serait parfaitement défendue à Can-gio par les feux croisés de pièces de fort calibre. Mais j'estime qu'il est complètement inutile d'établir sur ce point de ruineuses batteries pour obtenir l'impraticabilité du Donaï. Celle-ci peut être entièrement acquises au moyen de défenses sous-marines. La guerrre russo-japonaise vient de prouver d'une façon éclatante l'efficacité d'un pareil système de défense employé à l'obstruction de toute une grande rade; combien cette efficacité sera-t-elle plus complète dans un étroit et sinueux chenal long de plus de vingt milles, large de quelques centaines de mètres à peine?

Naturellement, ce ne sont point les marmites dérivantes que je préconise ici; les courants alternatifs des rivières du Delta en rendraient l'emploi plus dangereux pour nous que pour l'ennemi. Il ne doit être question que de mines fixes; ce sont, du reste, les seules vraiment efficaces et d'une sécurité parfaite.

Ces engins devront être tendus entre l'embouchure du Donaï et Nga-Bi; en amont de ce point où aboutit une voie carrossable, on ne couvre plus suffisamment Saïgon.

On sait que les chapelets de torpilles fixes sont reliés à la terre par un fil électrique qui aboutit à un poste installé de telle sorte que son chef puisse, instantanément et à son gré, faire exploser une ou plusieurs torpilles ou toute une rangée, suivant les emplacements occupés par les navires ennemis. Le long des canaux qui mènent à Saïgon, ces postes ne devront, sous aucun prétexte, avoir des allures de maisons ou d'installations permanentes visibles de la rivière; ainsi conçus, ils serviraient surtout de signaux d'avertissement pour l'ennemi. Ils doivent être installés de telle sorte que, dans le temps de paix comme en guerre, il soit matériellement impossible de les reconnaître et de les repérer.

Sur quels points ces lignes de défense

sous-marines doivent-elles être tendues? Si, pour résoudre cette question, on consulte la carte d'état-major, à coup sûr on commettra quelque grave bévue; mais qu'on mette bout à bout les cartes hydrographiques du Donaï et « le doigt viendra se poser de lui-même » sur l'emplacement rationnel.

Tous les arroyos d'accès devront être munis d'engins explosifs très simples, mais dont l'efficacité n'est plus aujourd'hui contestable.

Pour se rendre compte de la valeur défensive de ces engins dans la rivière de Saïgon, il faut ne pas oublier que de grands bâtiments engagés dans son chenal n'ont la ressource ni de stopper, ni de revenir en arrière, ni de forcer de vitesse. Le fleuve est constamment brisé en coudes brusques, extrêmement difficiles à franchir pour des navires dépassant une longueur de cent mètres; ceux-ci ne peuvent les doubler qu'en combattant de leurs hélices. Pendant cette manœuvre qui dure plus d'une minute, ils sont condamnés à être cible immobile et inerte; l'attention du commandant, s'il ne veut échouer, est entièrement absorbée par la maœuvre. Qu'adviendrait-il, dans ces conditions, du bâtiment ennemi pris entre plusieurs chapelets de torpilles en ces points mêmes où sa manœuvre lui est imposée telle que je viens de la décrire?

Je pense qu'il paraîtra, à tous ceux que n'aveugle pas l'esprit d'arme, qu'il ne saurait être de moyen de défense plus simple, plus efficace, plus redoutable et moins coûteux pour interdire la rivière de Saïgon à un ennemi quelque audacieux soit-il.

Mais il doit être entendu que rien, absolument rien, ne décèlera la présence de ce système dans les eaux boueuses du fleuve pas plus que sur les berges, en temps de paix comme en guerre. L'entière valeur de cette défense est à ce prix, prix fort économique du reste, puisqu'il supprime les coûteuses installations en maçonnerie qui ont été adoptées sur les côtes de France.

Certains disent que la navigation du Donaï étant chose si précaire, il devient inutile de prévoir et d'installer à l'avance les moyens de l'interdire à l'ennemi; celui-ci sachant combien il serait facile de l'arrêter ne courra pas le risque d'un échec probable.

Raisonner ainsi est peu faire honneur à l'esprit d'entreprise de nos adversaires possibles, qu'ils soient Anglais, Japonais ou autres. Je connais personnellement bon nombre d'officiers de la marine française, qui, en pareil cas, n'hésiteraient pas; j'en connais même quelques-uns, qui, au Siam et en Chine, ont donné mesure d'une plus surprenante audace. Pourquoi voudrait-on qu'il ne se trouve pas aussi, dans d'autres nations, de hardis compères prêts dix fois plutôt qu'une à tenter l'aventure?

Quand on songe à défendre l'accès de sa maison, ou la ferme, quelque étroit que soit le couloir qui y mène.

En l'espèce, on se demandait ce que serait cette fermeture : mines ou batteries? Il me semble avoir surabondamment prouvé que les engins sous-marins qui sont plus efficaces, moins coûteux et qui réclament un personnel extrêmement réduit doivent seuls être employés à interdire à l'ennemi le cours de la rivière.

Le Donaï est la véritable voie d'accès du port de Saigon; mais il en est une seconde, le Soirap, moins importante parce que moins profonde, qui, cependant, mérite de retenir sérieusement l'attention. Cette bouche, en effet, est plus large et moins sinueuse que la première, ce qui lui donnerait sur celle-ci un avantage notable si la hauteur de son plafond n'en permettait l'accès aux bâtiments d'un fort tirant d'eau qu'aux environs de la haute mer.

De savantes controverses ont eu lieu sur le fait de l'utilisation possible de cette voie par l'ennemi. Il est évident que, puisque d'une façon absolue elle peut être utilisée, en principe elle le sera. Les bâtiments de faible tirant d'eau la parcourent tout à l'aise; les grands navires n'y risquent, en réalité, que des échouages sur sable ou sur vase molle dont ils pourront toujours se dégager à mer montante sans grands dommages. Mais, objecte-t-on, si les phares de la rivière sont détruits, précaution qui sera certainement prise en temps de guerre, les navires ennemis n'auront plus comme amer et comme guide que les hauteurs de Ganh-Ray, ce qui est absolument insuffisant pour naviguer sûrement. Je répondrai que si l'ennemi est sûr de ses compas, il n'aura qu'à chercher le chenal, patiemment, un peu à tâtons il est vrai; mais qu'il parviendra, somme toute, relativement facilement à tenir sa route.

Toutefois, il ne pourra marcher qu'à petite vitesse et il ne pourra guère songer à manœuvrer : le chenal qu'il suivra le canalisera trop étroitement pour qu'il puisse en avoir même l'idée. Il sera donc à la merci des attaques des torpilleurs, et, bien plus encore, des mines sous-marines. Notre escadrille, dès qu'il serait engagé dans le chenal, le prendrait facilement à revers par le Cuâ-Tieu, puis par le Vaï-Co, le Vam-Sat et par d'autres arroyos encore. Son seul remède serait d'être lui-même précédé et suivi d'escadrilles de torpilleurs battant l'estrade tout autour de lui et le couvrant entièrement dans sa marche tâtonnante. Mais ces éclaireurs ne le protégeraient pas contre les mines sous-marines qui devraient être distribuées sur tous les seuils propices; tel, par exemple, celui de douze mètres où le fleuve se resserre et s'incurve avant d'aller se souder au Nga-Bé.

Le Service de la Défense a-t-il songé à

ces moyens simples et peu coûteux d'interdire aux navires ennemis l'entrée du Soirap? Probablement. Néanmoins, depuis plusieurs années, on a dépensé des sommes considérables à la construction d'une batterie destinée à en fermer l'entrée ainsi que celle du Vaï-Co, qui, elle, se ferme toute seule grâce à sa barre inabordable aux grands navires. Cette batterie, assise sur des terrains mous et bas, commande assez mal le chenal du Soirap dont elle est trop éloignée. Elle était primitivement armée de canons de 240 millimètres; récemment on a remplacé cette artillerie par du 194 millimètres. Ses travaux, abandonnés, repris, abandonnés de nouveau puis continués, indiquent bien l'incertitude où se trouvait le service de l'artillerie sur sa valeur réelle. Celui-ci semble cependant aujourd'hui s'être fait une opinion définitive puisqu'il projette son remplacement par des tourelles cuirassées.

Dans le cours de cette étude, en parlant de la défense mobile je n'ai prononcé ni le mot de sous-marin ni celui de submersible, alors que, dans le temps même où j'écris, la marine munit Saïgon de plusieurs des premiers de ces engins. Sous-marins et submersibles sont des torpilleurs. C'est pourquoi j'ai employé cette expression générique; mais on eût peut-être jugé osée une opinion de moi, simple fantassin, relativement au choix à faire entre ces divers navires pour la défense de la Cochinchine, alors que les spécialistes les plus autorisés n'ont pas encore donné la leur. Il me semblerait cependant que le submersible, sur lequel on peut respirer de temps à autre à pleins poumons, chose indispensable en ces pays, dont la vitesse supérieure à celle du sous-marin est suffisante pour refouler les courants, est plus approprié que son rival à un service de guerre dans ces parages. J'admets néanmoins volontiers que, seule, l'expérience décidera de la valeur relative de ces engins; c'est pourquoi je serais désireux de voir la défense mobile de la Cochinchine complétée par une escadrille de submersibles.

Ainsi donc, me basant non sur la tradition ou sur le dogme mais bien sur la nature du pays et sur les faits, j'ai envisagé la défense maritime de la Cochinchine sous une forme à la fois peu coûteuse et parfaitement efficace.

Cette défense se résume ainsi : le cœur de la Cochinchine bat à Saïgon ; ce point est, en outre, le port de refuge et de ravitaillement de nos flottes de l'océan Indien et des mers de Chine. Il faut donc interdire d'une façon absolue aux navires ennemis les abords de cette place. Au reste, la Cochinchine n'est vraiment vulnérable par mer que par les abords qui mènent à Saïgon. La presqu'île montagneuse du cap Saint-Jacques commande ces abords ; elle doit être armée pour remplir ce rôle auquel suffisent quelques batteries de gros calibre et des pièces légères à tir rapide couvrant complètement de leurs feux croisés le chenal qui longe la presqu'île. L'isolement de cette position, jetée à 50 kilomètres en avant de Saïgon, exige sa transformation en camp retranché se suffisant à lui-même et pouvant, de plus, par sa garnison, constituer une grave menace sur le flanc ou sur les derrières d'un ennemi qui aurait réussi à serrer de près la capitale. Les deux seules voies directes d'accès par mer à Saïgon seraient fermées par des mines sous-marines fixes dont nous avons vu l'efficacité ; les voies d'accès secondaires ou indirectes seraient interdites en temps opportun par les mêmes moyens. Enfin, des escadrilles de torpilleurs, en nombre voulu, — trois paraissent devoir suffire, — défendraient les abords des chenaux et y traqueraient l'ennemi assez audacieux pour s'y engager.

En résumé, il est inutile d'enterrer de nombreux millions en construction de batteries sur le front de défense maritime de la Cochinchine puisque l'établissement de mines sous-marines et une flottille de torpilleurs interdisent complètement aux navires ennemis les voix d'accès conduisant à Saïgon ; le luxe de canons de gros calibre qui hérissent les falaises du cap Saint-Jacques jusqu'à 92 mètres d'altitude, dépasse le but à atteindre; il est par suite hors de proportion avec nos moyens présents. Il faut se contenter du nécessaire.

Mais on objecte à cela : le cap Saint-Jacques doit être armé de telle sorte qu'il maintienne l'ennemi à distance assez pour que notre escadre enfermée à Saïgon puisse déboucher et se déployer librement afin de gagner la haute mer.

C'est bien ainsi que je conçois l'action des batteries hautes du cap Saint-Jacques; mais leur nombre peut et doit être relativement restreint; on ne doit pas leur sacrifier les batteries basses et d'artillerie rapide qui seules peuvent interdire efficacement le chenal à l'ennemi, ce qui, à tout prendre, semble être l'intérêt capital. Quant aux batteries blindées ou aux tourelles établies ou projetées à l'embouchure du Donaï et à celle du Soirap, je les crois absolument inutiles ; je pense l'avoir suffisamment prouvé.

Pour en finir avec la défense côtière de la Cochinchine, j'ajouterai que ce projet de construction de tourelles cuirassées à l'entrée du Soirap soulève de sérieuses difficultés : le sol y a si peu de consistance que ces tourelles seront condamnées à s'enliser lentement alors même que des sommes énormes auront été enfouies, sous forme de pilotis et de bétonnage, pour consolider leur base. Leur effet utile est douteux ; elles ne battront effectivement que l'entrée de la Vaïco qui se défend d'elle-même par sa barre inaccessible aux grands navires ; elles seront en revanche à peu près impuissantes pour fermer le Soirap, à cause de l'éloignement de son chenal qui suit, en cette partie, la rive orientale.

*
* *

La conception de la défense côtière de l'Annam et du Tonkin semble avoir reposé jusqu'à ce jour à peu près uniquement sur des moyens terrestres : batteries et établissements militaires divers. Je voudrais que cette défense soit enfin envisagée comme devant relever presque entièrement des moyens maritimes, les seuls qui, dans ce cas, soient économiques et sûrs.

En effet, ces côtes qu'il s'agit de mettre à l'abri d'un débarquement ennemi n'ont pas un développement moindre de 2 000 kilomètres du cap Saint-Jacques à la rivière de Moncay. Le simple énoncé d'une étendue si considérable de front de mer à garder indique l'impossibilité d'en hérisser toutes les parties abordables de batteries et de fortifications suffisantes pour en interdire l'accès. J'entends bien que toute cette côte de la Cochinchine et de l'Annam est inhospitalière, que les havres vraiment sûrs y sont relativement rares et limitent ainsi les zones à défendre; mais cependant, telle quelle, elle compte les points de débarquement en nombre si grand qu'il n'a pu venir à l'esprit de songer à les armer tous. Pour en faire un départ, on a allégué, après en avoir écarté le plus grand nombre pour leur incommodité, que la plupart de ceux facilement utilisables ne donneraient prise que sur des régions difficiles, peu peuplées, éloignées de tout débouché stratégique. Ainsi, par une sélection d'une valeur très discutable, on est arrivée à ne considérer que quelques parties de la côte d'Annam comme méritant réellement de retenir l'attention.

Au Tonkin, on veut ériger en baie d'Along une grande place forte maritime, là où l'on pense qu'inévitablement se produira l'attaque des forces ennemies. Mais on décide aussi d'armer les hauteurs qui commandent les plages ou les bouches d'accès du delta.

En bonne logique, si la protection des côtes doit être assurée par des moyens terrestres, il tombe sous le sens que tous les points de débarquement possible devront être dûment défendus. La construction des voies ferrées côtières qui réunissent la Cochinchine à l'Annam d'une part, ce royaume au Tonkin de l'autre, ont rendu à tous les havres, à toutes les plages abordables une importance militaire de premier ordre. En effet, par la possession de ces voies ferrées, l'ennemi dispose de lignes stratégiques décisives; grâce à elles, quel que soit le point de débarquement, il peut menacer d'une agression rapide chacune des parties de notre empire tout en séparant nos forces et en les empêchant de se prêter appui. Comment songer alors à semer canons et garnisons, remparts et batteries, sur tous les points accessibles de cet immense front de mer?

Au contraire, la disposition générale et les formes des côtes annamites donnent à une défense maritime des facilités de surveillance et d'action telles qu'ici encore le rôle de la marine doit être primordial. A la pointe Kéga, au cap Pardaillan, au cap Varella, au cap Batangan, à Tourane, au cap Mui-Dong, à la baie d'Along, la nature a créé de merveilleux points d'observation sur la haute mer ainsi que sur toutes les courtines de la côte; d'excellents refuges pour des escadrilles de torpilleurs se présentent partout; des postes de stationnement peuvent être installés facilement dans des conditions de sécurité très grandes sur tous les points stratégiques importants.

Quelle serait, dans son ensemble, l'organisation à prévoir? Je n'envisagerai que celle réduite aux moindres frais, la seule qu'en ce moment la pénurie de nos ressources financières et de notre matériel marin disponible nous permette d'exécuter à bref délai.

Du cap Saint-Jacques au cap Kéga, la surveillance de la côte serait confiée aux escadrilles de Saïgon. Le chemin de fer Saïgon-Tan-Linh longe cette côte; dans la baie de Phan-Tiet un débarquement serait facile et donnerait la maîtrise de la route mandarine qui se dirige sur Tan-Linh et de là, dans l'intérieur, vers Baria d'une part, Bien-hoa et Saïgon de l'autre.

Les bâtiments montant dans les mers de Chine ou en descendant viennent chercher la terre au cap Pardaillan; de ce point, on commande à la fois les côtes du Binh-Thuàn au Sud, et celles du Khanh-Hoa au Nord. Entre ce cap et le cap Varella au Nord, plusieurs baies, masquées, très profondes, d'accès difficile, offriraient à la fois un emplacement parfait pour une station de torpilleurs et des refuges excellents. Le sémaphore de Pardaillan serait naturellement relié à la station qui posséderait au moins quatre, sinon six torpilleurs de première classe.

La partie centrale de la côte annamite serait commandée par la station établie à Tourane; celle-ci serait forte de six torpilleurs de première classe. Si les ressources le permettaient, il y aurait lieu de créer une station intermédiaire moins importante à Qui-Nhon. Je signalerai, sans y insister, la situation de Tourane relativement à la surveillance à exercer entre Haï-Nam et la côte d'Annam, ainsi que la nécessité de compléter cette surveillance par une station de torpilleurs placée au sud de cette île.

Chaque poste comprendrait une caserne pour une centaine d'hommes, un atelier de réparations, un réservoir d'eau douce et un dépôt de charbon. 150 à 200 000 francs permettraient largement une semblable installation.

Les côtes du Tonkin offrent de nombreux points de débarquement qui, comme des incidents récents l'ont prouvé, ont été sérieusement étudiés par l'état-major japonais. Au point de vue des commodités marines, ces points de débarquement seraient plus indiqués entre Quan-Yen et Moncay; mais ceux-ci, au point de vue stratégique, ont le désavantage de n'ouvrir qu'une contrée pauvre, d'accès difficile, montagneuse, sans voies de communications faciles. Cette partie de la côte est couverte par un archipel très touffu d'îles élevées, dessinant d'étroits chenaux au milieu desquels une défense mobile exercée aurait beau jeu contre les navires ennemis. Plus au Sud, les côtes sont basses; l'accès de l'intérieur n'est guère possible que par les diverses bouches du delta que des mines sous-marines barreraient aisément. Certaines plages cependant, comme celle de Do-Son, qui permet l'accès par terre de Haiphong, demanderaient une surveillance particulière. Des batteries sont projetées pour les commander; quelques-unes sont même en voie d'exécution. A moins de travaux formidables, on n'aboutira pas dans ce sens à une protection efficace; celle-ci ne peut être donnée que par la défense mobile et des mines sous-marines.

Si l'on examine une carte du golfe du Tonkin, on voit que tous les points de débarquement sont, au Sud, commandés par de nombreux chenaux d'où les torpilleurs peuvent surgir à l'improviste et que des torpilles fixes peuvent irrémédiablement barrer; au Nord, toute la côte est couverte par ce semis d'îles à travers lequel osera difficilement s'avancer un convoi de débarquement menacé par une escadrille de torpilleurs.

La création d'une forteresse maritime à Port-Courbet, tout au fond de la baie d'Along, est évidemment très soutenable. La position de ce port est très forte, son importance tactique considérable puisque, grâce à la couverture et au masque de l'archipel, une escadre peut facilement y entrer et en sortir en dépistant une force de blocus. Mais ici, comme en toutes choses, il faut savoir choisir ; nos moyens financiers et matériels ne nous permettent pas le luxe de deux points d'appui en Indo-Chine. La position stratégique et forte par excellence est Saïgon. Nous devons renoncer à faire pour d'autres ports des sacrifices sérieux; car, à éparpiller sur plusieurs points les ressources limitées dont nous disposons, nous nous exposerions à n'avoir nulle part la citadelle maritime puissamment outillée et intangible qui nous est nécessaire dans ces parages.

Port-Courbet peut et doit être muni en port de refuge, rien de plus. Lorsque j'étudierai la composition et le rôle de notre escadre indo-chinoise, je montrerai comment ce port ainsi organisé lui facilitera son œuvre.

De ce qui précède il résulte donc que la défense des côtes du Tonkin et la surveillance des abords de l'île d'Haïnam seront suffisamment assurés, en outre de défenses fixes sous-marines, par des escadrilles de torpilleurs. Une division, à Hon-Gay (Port-Courbet) sera chargée de la surveillance des chenaux et des passes de l'Est et du Sud ainsi que de l'exploration extérieure; une deuxième division à Pointe-Pagode, près de Moncay, commanderait les côtes et les abords du Quang-Tong méridional ainsi que les débouchés nord-est de la baie d'Along; une troisième division à Do-Son assurerait, de concert avec l'appareil de mines sous-marines approprié, l'inviolabilité des bouches du Delta, et se relierait avec la division nord de l'Annam.

En résumé, il semble que les côtes de l'Annam et du Tonkin doivent être efficacement protégées contre tout débarquement par l'installation de six divisions de torpilleurs et des postes de refuge correspondants. Des appareils de mines seraient, dès le temps de paix, tendus dans les passes importantes; dans les autres, tout serait disposé sur place pour pourvoir à leur immergement immédiat.

L'exécution d'un pareil programme peut être menée rapidement à bonne fin sans dépenses exagérées et irrémédiables.

*
* *

L'organisation maritime de l'Indo-Chine serait incomplète si son installation défensive ne pouvait servir de base à une offensive vigoureuse et toujours en alerte. Une défensive inerte, passive, aboutit toujours à la dépression matérielle et morale et à la défaite.

Aussi doit-on prévoir sur les côtes de la Cochinchine, de l'Annam et du Tonkin, en outre du point d'appui de Saïgon, des refuges où notre flotte indo-chinoise pourra se ravitailler et reprendre haleine dans un abri momentané. La rade et le port de Tourane en Annam, Haiphong et Port-Courbet au Tonkin, Quan-Chéou-Van dans les mers de Chine sont les points stratégiques et maritimes les mieux appropriés à ce rôle. Tourane et Quan-Chéou-Van, dont les rades profondes et facilement défendables offrent de grandes garanties de sécurité à une flotte, ont, cependant, le premier à un degré moindre que le second, le grave inconvénient d'en permettre facilement l'embouteillement.

Dire que ces rades et ces ports doivent être organisés pour servir de refuge à nos navires de course, n'est nullement sous-entendre qu'une organisation complète de port de guerre devra leur être donnée. Pour que ces refuges soient appropriés à tous les besoins il suffira que leur entrée soit barrée par des mines sous-marines et qu'ils soient munis d'un dépôt de charbon, de matières grasses, de quelques rechanges d'usage courant et de vivres. Naturellement, ils devront posséder le matériel d'embarquement nécessaire à un réapprovisionnement très rapide de l'escadre. Celle-ci, pour ses réparations, sauf celles qui peuvent être exécutées par les soins et les moyens du bord, ne devra compter que sur l'arsenal de Saïgon. Si, par la suite, le développement de l'importance commerciale de Tourane et de Haiphong amenait ces ports à se munir de cales et d'ateliers, le commandant de l'escadre ne devrait pas se laisser aller à la tentation d'y faire exécuter quelques réparations de longue haleine qui immobiliseraient des vaisseaux dans des mouillages insuffisamment protégés. Il doit être entendu qu'il n'existera en Indo-Chine qu'un grand port de guerre, celui de Saïgon.

J'ai entendu plusieurs fois exalter les mérites de Quan-Chéou-Van : ce serait un port et un point stratégique d'importance considérable. Je ne puis cependant me rallier à l'opinion assez courante au Tonkin qu'il devrait être transformé en forteresse maritime puissante, jouant pour la France vis-à-vis des mers de Chine le rôle de Hong-Kong pour l'Angleterre ; et j'ai à cela diverses raisons. Comme je l'ai dit déjà, si la rade de Quan-Chéou-Van offre par sa profondeur dans l'intérieur des terres et par l'étroitesse de son chenal d'entrée un abri parfaitement sûr, en revanche, il est aussi facile à une escadre ennemie d'en tenir le goulot bouché aux navires qui s'y seraient réfugiés qu'à ceux-ci de leur en interdire l'accès. Mais, de plus, l'entrée de la rade est commandée par une barre permanente impraticable aux grands navires; creuser cette barre serait peine inutile, les apports de la mer du Nord-Est auraient vite fait de la reformer. Enfin le territoire de Quan-Chéou-Van est entouré à portée de canon d'un pays étranger et hostile duquel, en temps de guerre, il n'y aurait guère à attendre que des coups de fusil. Quan-Chéou-Van ne sera donc jamais qu'un poste avancé, une sentinelle de l'Indo-Chine sur le Quang-Tong, sur les mers de Chine et sur le détroit de Haï-Nam, en même temps qu'une embuscade et un refuge précieux pour les escadrilles ou les croiseurs légers battant l'estrade dans ces parages très fréquentés par les navires de toute nationalité. Des batteries de canons légers à tir rapide, de 10 centimètres par exemple, placées le long du chenal d'accès, en conjonction avec des mines sous-marines, seraient plus que suffisantes pour arrêter net les croiseurs légers ennemis, les seuls qui puissent s'aventurer sur la barre.

Quelle sera la flotte qui utilisera le point d'appui de Saïgon et les ports de refuge pour mener dans l'océan Indien et dans les mers de Chine une offensive efficace contre le commerce et même contre les forces navales ennemies? Quelle en sera la composition en raison même de ce rôle?

Ici, les marins diffèrent tellement d'opinion que, parmi tant de vues différentes, il est permis d'adopter celle que la logique et le bon sens paraissent indiquer en dehors de toute chicane technique. Or, est-il à supposer qu'il nous est possible d'entretenir en Indo-Chine une force navale capable de lutter par le nombre et la puissance des unités de combat avec les flottes du Japon et avec celles de l'Angleterre, les deux seules puissances qui soient directement à même de menacer notre domaine indo-chinois? L'escadre active entière de la Méditerranée n'y suffirait pas; il semble inutile d'insister. Reste le cas d'un conflit avec l'Allemagne, les États-Unis ou la Chine. Pendant bien des années encore la puissance maritime de cette dernière nation sera plus d'apparence que de fait; quelques unités très modernes, de puissance moyenne, bien maniées, suffiront à en avoir raison. Mais l'Allemagne, les États-Unis? Ces deux puissances manquent d'une base qui leur permette, quant à présent du moins, d'entretenir dans les mers de Chine d'autres forces navales que des escadres de croiseurs à grand rayon d'action, par suite peu ou point protégés, et capables seulement de mener une guerre de course.

Ainsi donc, dans la première éventualité, celle d'une guerre avec le Japon ou avec l'Angleterre, nous aurons affaire à des escadres cuirassées, lourdes, mais en quelque sorte intangibles pour nous au regard du combat naval en haute mer; dans la seconde, des croiseurs battant l'estrade au large des côtes.

Comment faire face aux premiers de ces adversaires possibles? Il semble que des croiseurs très rapides pourront, en harcelant ces pesantes escadres cuirassées naviguant très loin de leur base, en arrêtant leur ravitaillement, en les tenant en de continuelles alertes, les amener très vite à une usure suffisante pour annihiler en quelque sorte leur effet utile. Contre les croiseurs allemands ou américains, nos croiseurs indo-chinois auront l'avantage de lutter contre des navires déjà fatigués ou au moins démunis par une longue navigation, et d'avoir partout, le long de la côte, des possibilités de secours, de ravitaillement, de refuge.

Enfin, l'Indo-Chine commandant un des plus importants carrefours du commerce maritime de ces nations, il est indiqué d'y entretenir les navires légers, rapides, fortement armés, qui seront capables de causer à ce commerce le dommage le plus complet.

En quelque sens que j'examine cette question de la composition de notre flotte indo-chinoise, je ne vois de solution qu'en faveur d'une escadre de croiseurs à grande vitesse flanqués de contre-torpilleurs de fort tonnage sérieusement munis d'artillerie, et de torpilleurs de haute mer.

Certains marins estiment qu'en tout état de cause nous devons posséder dans ces parages une escadre capable de seconder d'une façon efficace la flotte russe de l'Extrême-Orient. La question envisagée sous ce jour est du ressort de la diplomatie; mais j'estime qu'entretenir une escadre de combat en Indo-Chine pour l'éventualité d'une guerre en communauté d'action avec la Russie serait ajouter un fardeau bien coûteux pour des résultats fort douteux à une alliance dont les avantages ne sont nettement tangibles qu'en Europe. D'autres officiers de marine, bien pessimistes ceux-ci, affirment que l'escadre légère, telle que nous la demandons, serait vite embouteillée dans un de nos ports et annihilée pendant toute la durée de la guerre; aussi n'admettent-ils en Indo-Chine qu'un essaim de torpilleurs qui en rendent les côtes invulnérables. Mais, à ceux-ci, je répondrai qu'ils ne font pas cas suffisant des qualités manœuvrières et d'audace de leurs camarades; au reste, en admettant l'embouteillement de nos croiseurs, de tous nos croiseurs, dans un des ports de refuge, ne saurait-on admettre aussi que nos escadrilles de torpilleurs semées sur toute la côte indo-chinoise rendraient aux vaisseaux du blocus, si éloignés de leur base, la vie si dure qu'ils devraient bientôt abandonner la partie?

Quant à l'envoi de France, après la déclaration de la guerre, d'une flotte puissante qui balaierait tout sur son passage, c'est là le moyen de la deuxième heure. Qu'adviendrait-il de l'Indo-Chine, en attendant qu'elle soit rendue à Saïgon? On doit compter sur ces escadres pour terminer la guerre, pour vaincre définitivement le Japon; on ne doit pas songer à elles lorsqu'il s'agit d'assurer la protection du début de notre colonie.

Aussi, malgré tant d'avis contraires, je vois poindre la vérité dans l'organisation maritime ébauchée dans ces dernières années par le ministère de la marine :

Deux fortes divisions de croiseurs très rapides et très armés; un essaim de torpilleurs et un semis de torpilles gardant nos deux mille cinq cents kilomètres de côtes indo-chinoises.

Il reste à souhaiter que croiseurs, contre-torpilleurs, torpilleurs de première classe et sous-marins ou submersibles se suivent sans interruption à travers l'océan Indien, que le point d'appui de Saïgon s'outille, que les ports de refuge et les stations de défense mobile s'organisent, tout cela rapidement, assez pour que, prochainement, l'Indo-Chine soit garantie contre les tentatives certaines du Japon.

C'est enfin le devoir de tout Français de veiller à ce que nos escadres européennes, dans le même temps, non seulement ne périclitent pas, mais encore s'accroissent en puissant matériel de combat jusqu'au point où l'envoi en Indo-Chine d'une flotte homogène, d'avance victorieuse du Japon par le nombre de ses unités, par son armement et par sa valeur, soit possible et facile dès les premiers jours d'une tension politique grave en Extrême-Orient. La conservation de l'Indo-Chine est surtout à ce prix :

Entretien en France coûte que coûte, en dehors des prévisions militaires et diplomatiques européennes, d'une flotte puissante, plus puissante que celle du Japon, maintenue toujours en tel état de disponibilité qu'elle puisse à toute heure se mobiliser et prendre la mer dans les plus brefs délais.

IV

La défense terrestre.

Depuis la guerre russo-japonaise on commence à comprendre en France de quelle importance nous est notre marine. De celle-ci dépendra en partie, dans la guerre prochaine, le sort de nos colonies.

Déjà le chiffre d'affaires de notre empire d'outre-mer s'élève à deux milliards par an, soit le cinquième du commerce général de la France; dans quelques années, ce chiffre aura doublé. La prochaine génération trouvera dans nos colonies ses ressources commerciales les plus claires ; c'est en Indo-Chine où elle puisera une partie des grands approvisionnements industriels et vivriers nécessaires à la France, et où elle entretiendra un des plus vifs mouvements d'échange. Or, si le sort de cette colonie est principalement dans les mains de nos marins, il est aussi, d'une façon sensible, dans celles de nos soldats, de nos officiers coloniaux.

Que valent ces soldats? que valent ces officiers?

Cette étude serait incomplète si une réponse n'était pas donnée à cette grave question.

Incomplète également si, après avoir reconnu certains maux dont souffre l'armée coloniale, nous ne cherchions quels en peuvent être les remèdes.

Et, ici, il m'est impossible de n'envisager que les seules unités qui sont préposées à la garde de notre empire asiatique.

Cette garnison est, en effet, de deux sortes : européenne et indigène.

Les régiments indigènes ou mixtes valent ce que valent la première. L'exemple de celle-ci leur est contagieux en temps de paix; il le serait plus encore en guerre. De plus leurs cadres étant uniquement tirés de l'armée coloniale, leur valeur est, en somme, exactement celle de cette armée. Car, ce doit être une vérité passée en axiome : les troupes indigènes sont ce que sont leurs chefs. La preuve en a été cent fois faite.

Or, que sont ces chefs? Qu'est cette armée coloniale?

L'artillerie, l'infanterie de marine, c'était autrefois les plus belles et les meilleures troupes qu'on puisse voir; avant 1889, avant la loi du recrutement qui leur a retiré un contingent normal d'hommes des classes, nous tous, officiers de ces deux armes, nous nous enorgueillissions de commander à des soldats modèles.

Depuis quelques années, la loi néfaste (1900) qui a jeté, dans les rangs des troupes coloniales, surabondante, la lie des grandes villes, a porté ses fruits. Presque chaque courrier d'Indo-Chine apporte de nouveaux échos des actes criminels dont, en outre d'une indiscipline stupéfiante, les soldats coloniaux se rendent maintenant fréquemment coupables. En Cochinchine, particulièrement à Saïgon et au cap Saint-Jacques, à Hanoï, leurs exploits égalent ceux d'Ouessant, de Brest et de Rochefort ou d'Hyères : vols à main armée, assassinat ou meutre. Les menues canailleries sont faits trop constants pour être encore signalées.

En France, il suffit de passer quelques heures dans un port pour avoir une idée de leur tenue, de leur dignité et de leur discipline. A Paris même, où cependant la brigade coloniale est composée des meilleurs sujets des régiments des ports, les hommes donnent souvent le spectacle d'une négligence presque inconsciente de tenue et de maintien.

Aux manœuvres, le pourcentage de cette troupe en traînards est bien supérieur à celui de l'infanterie de ligne; dans les cantonnements, pendant les marches, elle offre des signes non équivoques de son indiscipline.

Les officiers, aussi bien en garnison qu'aux manœuvres, n'ont pas de plus cruel souci que celui d'empêcher leurs hommes de se livrer aux actes les plus répréhensibles, souvent coupables, parfois criminels.

Si encore cette troupe était militaire, si elle était vigoureuse, résistante, capable de dévouements et de sacrifices. Mais les hommes y sont trop souvent malingres au physique comme au moral : corps usés avant l'âge, atteints de rachitisme congénital; les cerveaux déprimés ou viciés par l'existence vécue avant l'incorporation, ou par les mauvais exemples qui ont entouré leur enfance et leur adolescence.

Et de semblables résultats ne sont point pour étonner; on eût pu les prédire de longue date, dès le jour, en 1889, où l'on cessa de recruter les troupes coloniales directement et par voie de tirage au sort dans la masse de la nation.

Jusqu'à ce que cette mesure néfaste ait produit complètement ses effets, qu'elle arme magnifique était l'infanterie de marine! Le brave ouvrier de la ville, l'honnête et vigoureux campagnard y étaient en grande majorité. Au milieu d'eux, les engagés volontaires, tempéraments ardents ou ambitieux, mettaient dans cette pâte solide et résistante un ferment d'entrain, d'allant, de gaîté, de débrouillage qui faisait du tout une troupe incomparable.

A cette époque, à la suite des grandes manœuvres (en 1881), le général de Gallifet disait à ses officiers rassemblés pour la critique finale :

« Messieurs, aux manœuvres, je vous

placerai à l'avenir en arrière pour pousser mon corps d'armée en avant; en guerre je vous mettrai en tête pour l'entraîner à l'ennemi. »

Que penserait maintenant ce bon connaisseur de soldats s'il voyait la cohue indisciplinée de l'infanterie coloniale actuelle. Il songerait sans doute à l'encadrer par la prévôté pour prévenir des méfaits toujours possibles avec de semblables éléments au milieu desquels les braves gens sont noyés.

Comment en serait-il autrement?

Veut-on réfléchir un seul instant aux conditions du recrutement actuel des troupes coloniales? Chaque année, plusieurs milliers d'engagés volontaires ou de rengagés sont nécessaires pour alimenter ses effectifs. Quelques centaines, on les a toujours trouvés, on les trouvera toujours parmi les jeunes gens aventureux qui, touchés par une mésaventure quelconque, veulent rompre toute attache avec le passé; d'autres viendront à l'infanterie ou à l'artillerie coloniale par ambition ou par besoin de nouveautés. Mais comment, dans une nation dont toutes les qualités militaires et guerrières vont s'assoupissant si profondément, recruter dans les milieux sains des milliers d'hommes à qui, en échange de dangers, de privations sans nombre et naturellement de la perte de leur liberté, l'État donnera, en plus d'une prime de quelques louis vite dissipés en débauches, quelques sous par jour?

Aussi, ne recrute-t-on plus pour l'armée coloniale, sauf rares exceptions, que ceux que le peuple qualifie justement de « gaillards qui ont fini de bien faire ». Si encore ces gens qui ont fini de bien faire étaient vraiment des gaillards, des lurons, de ces beaux et solides professionnels comme l'Angleterre en a plus de cent mille dans son armée.

Mais non; ceux qui postulent à l'épaulette jaune sont, en majorité, l'épouvantable déchet de la jeunesse des grands centres ; jeunesse à l'âme et au corps irrémédiablement usés.

Et c'est avec de pareils hommes qu'on veut défendre nos ports et nos colonies? C'est eux qui interdiront au soldat japonais l'accès du sol indo-chinois !

Il y a là un mal très redoutable dont on ne semble pas suffisamment se préoccuper. J'ajoute que ce mal se complique d'un danger local grave pour les populations au milieu desquelles de semblables soldats garnisonnent. Je connais des familles qui, chaque hiver, allaient naguère s'installer à Hyères. Depuis que l'infanterie coloniale y tient garnison elles ont déserté cette station hivernale.

De 1820 à 1830, période de lassitude militaire et d'affaissement de l'esprit guerrier, on fit, comme de nos jours, pour les troupes coloniales, l'expérience du recrutement par unique voie d'enrôlement volontaire. Bientôt les régiments qui tenaient garnison aux Antilles furent composés d'une telle lie humaine que les officiers devinrent tout de suite impuissants à empêcher de la part de leurs hommes les pires excès. Le vol et le brigandage à main armée étaient devenus choses courantes; des habitations étaient attaquées, enlevées et pillées par des compagnies entières qui, ensuite, se livraient à des batailles réglées pour se dépouiller mutuellement de leur part de butin. A la Guadeloupe, ces bandits se saisirent du gouverneur et l'embarquèrent de force sur une goélette de passage.

Pareils désordres qui rappelaient ceux commis au moyen-âge par les grandes Compagnies obligèrent enfin le législateur à une conception autre d'une troupe coloniale. On reconnut qu'une semblable troupe jouissant aux colonies d'une liberté plus grande et de moyens d'action plus considérables pour le bien comme pour le mal devait être parfaitement recrutée et foncièrement disciplinée, dévouée et honnête. C'est ainsi que naquit l'Infanterie de Marine dans laquelle, parce qu'elle était dotée de ces qualités primordiales, on doit s'honorer d'avoir fait carrière.

Mais, maintenant, peut-on être fier encore de commander à des hommes tels que sont la plupart des soldats coloniaux actuels? Je vois trop d'officiers dégoûtés ou écœurés quitter avant l'âge l'armée coloniale pour oser répondre affirmativement.

Il est urgent cependant qu'un pareil état des choses prenne fin. Voudrait-on voir recommencer en Indo-Chine ou ailleurs les tristes et vraiment fabuleuses histoires qui ensanglantèrent autrefois les Antilles et dont les désordres actuels sont un prélude certain?

Je ne demande ni ne veux de petits saints pour composer l'armée coloniale; je n'ai pas non plus la naïveté de croire que nos députés, soucieux seulement de réélection, ordonneront à nouveau un appel régulier au tirage au sort pour assurer son recrutement. La Légion étrangère, troupe coloniale remarquable à tous points de vue, ne se recrute ni au ciel, ni parmi nos braves cultivateurs; cependant les déclassés sociaux que sont presque tous les légionnaires présentent le type du vrai soldat colonial : esprit militaire, endurance physique et morale, courage jusqu'aux dernières limites, respect inné des chefs, camaraderie indissoluble, discipline étroite.

Que faire pour que l'armée coloniale actuelle acquière toutes ces qualités?

Comme en Angleterre, que l'on paye largement, et l'on trouvera ainsi la possibilité et le droit de choisir son homme. Si, à l'épreuve de quelques années, la chose est reconnue nécessaire, que l'on paye plus encore, — largement toujours, — afin de conserver ce soldat de choix par le rengagement.

Les quelques millions dépensés ainsi seront à coup sûr une économie.

Si ce moyen semble trop coûteux qu'on en cherche d'autres; mais que l'on aboutisse vite. Que, sans délais, on mette un terme à ce scandale de malandrins trop facilement habillés en soldats français.

Il y va de l'honneur de la France et de la sécurité de nos colonies, particulièrement de celle de l'Indo-Chine, si directement menacée par l'excellent fantassin japonais.

Voilà pour la troupe.

Les officiers sont une élite. Les avis sont, à ce sujet, unanimes.

Cependant, l'organisation et les réglementations qu'ils subissent et qui les régissent les mettent souvent hors d'état de rendre les services qu'on serait en droit d'attendre d'hommes d'une valeur aussi affirmée.

Ils succombent à la tâche.

La situation est grave ; il est urgent qu'on y apporte les solutions très simples qui rendront aux cadres de notre armée coloniale la résistance et la puissance d'action qui lui sont indispensables.

Je ne sais si l'on a été frappé par le grand nombre de décès et de retraites qui ont affecté le cadre des lieutenants-colonels de l'infanterie coloniale pendant les dernières années écoulées : quatre décès et neuf retraites, en 1903 par exemple, sur un effectif de quarante-six lieutenants-colonels.

Si j'ajoute que ces treize officiers supérieurs étaient tous âgés de moins de cinquante ans, on conviendra qu'il y a là une situation qui donne largement à penser.

Les quatre lieutenants-colonels morts ont été enlevés par des maladies contractées aux colonies ; ceux qui ont pris leur retraite ont été acculés à cette détermination par l'avis des médecins qui leur prédisaient un sort semblable s'ils retournaient en pays tropicaux.

Les officiers des autres grades de la même arme ne sont pas moins maltraités. Le nombre des retraites prématurées de chefs de bataillon se chiffre par douzaines; de nombreux capitaines, parmi ceux qui ont vingt-cinq années de services (quarante-trois ans d'âge), sont également obligés de se retirer. Chez les chefs de bataillons et parmi les capitaines qui n'ont pas encore droit à leur retraite, c'est une mortalité considérable.

Les réflexions qu'amène forcément un semblable état de choses sont de plusieurs sortes.

Il n'échappera à personne qu'il est déplorable, dans l'intérêt de la France, de voir tant d'hommes faits, pleins d'expérience et de vigueur morale, disparaître ainsi prématurément des cadres de l'armée où ils pouvaient encore, pendant de longues années, rendre de précieux services.

Au point de vue de nos finances, ces retraites anticipées sont une bien lourde charge. Celles d'officiers de la seule infanterie coloniale accordées au cours de l'année 1903 grèveront annuellement le budget de cent trente mille francs environ, dont plus de cent mille francs correspondent aux pensions d'hommes qui eussent pu, dans des conditions normales, fournir encore une dizaine d'années de services. Soit un million, en chiffres ronds, inutilement dépensé. Et il en est ainsi chaque année!

Le côté humanitaire de la situation faite aux cadres de l'armée coloniale ne peut pas non plus nous laisser indifférents.

Quoi, voici un officier à qui les médecins ont prédit une mort à peu près certaine s'il retourne aux colonies et qui devra partir quand même!

Qu'il donne sa démission! dira-t-on.

Y songe-t-on? Cet officier a, je suppose, quarante ans. Il n'a aucun droit à une pension, à un secours quel qu'il soit; il n'a aucune fortune personnelle. Et vous voulez qu'il démissionne! Mais que ferait-il, s'il vous plaît, dans la vie civile?

Est-ce à son âge qu'on se crée de toutes pièces une situation? Et puis, oublie-t-on qu'il est encore sous le coup de la maladie qu'il a contractée au service et qui l'oblige à démissionner. Il lui faut, longtemps peut-être, des ménagements, des soins, un traitement approprié. Et c'est dans ces conditions qu'il va s'asseoir sur le trottoir et y tendre la main à une position qu'il ne trouvera sans doute pas!

Non; il partira à son tour.

Il est condamné à mort!

Condamné, parce que jusqu'à ce jour il a

fidèlement servi son pays et qu'il s'est usé dans l'accomplissement de son devoir.

Comment les pouvoirs publics ont-ils pu consacrer une pareille abomination!

Ne paraît-il pas à toute personne douée de quelque bons sens que ce capitaine, d'infanterie par exemple, incapable pour raisons de santé de retourner aux colonies, n'en est pas moins capitaine d'infanterie et très bon capitaine. Il n'y a pas de l'infanterie qu'aux colonies. Alors, pourquoi ne pas le verser dans un régiment de l'armée métropolitaine?

Pourquoi? C'est ici qu'apparaissent les objections les plus spécieuses mais les moins défendables au fond, quoiqu'elles soient invoquées tour à tour par les deux parties intéressées et qu'elles aient été établies par nos législateurs en dogme intangible.

Pour les officiers de tout grade, dit-on, la mesure qui consisterait à entrebâiller la porte actuellement étroitement fermée de l'armée coloniale aux officiers de l'armée de terre serait une porte ouverte au favoritisme. Tel capitaine, tel chef de bataillon fortement protégé, dont l'avancement est trouvé trop lent en France, disparaîtrait pendant deux ou trois ans aux colonies d'où il reviendrait avec le grade supérieur. Tel autre officier qui a cessé de plaire serait inscrit contre son gré sur la liste de départ; on se débarrasserait de lui en l'envoyant moisir au fond du Soudan ou sur les confins de la Chine.

Enfin, les officiers des troupes coloniales verraient ainsi leur avancement escamoté par des camarades de passage, venus de l'armée continentale pour y retourner aussitôt un nouveau grade acquis, tandis que leurs cadres se garniraient d'autre part d'officiers en disgrâce parfois pour des causes fâcheuses.

Et c'est sur de semblables raisons que la

loi de 1900 se base pour interdire toutes mutations autres que celles motivées par des permutations libres entre les deux armées!

Mais elles ne tiennent pas debout, ces raisons, car elles sont la négation du droit de mutations du chef de l'armée! Elles sont basées sur ce postulatum que le ministre de la guerre est, *a priori*, incapable de gérer avec quelque équité les intérêts des officiers.

Vraiment est-il possible d'accepter de semblables pétitions de principes au regard des dépenses exagérées qu'occasionne le régime actuel, et de l'inhumaine cruauté dont il est entaché?

Je montrerai comment quelques modifications de détail dans les règlements constitutifs de l'armée coloniale mettraient fin à ces holocaustes de vies précieuses et à ces prodigalités financières qui caractérisent l'organisation actuelle.

Mais, d'abord, je veux appuyer ce qui

précède par deux très courtes statistiques.

Ma promotion a fourni en 1880, à l'infanterie de marine, trente-trois sous-lieutenants.

En 1903, vingt-trois ans après, *neuf* de ces officiers figuraient encore sur l'annuaire; huit avaient pris prématurément leur retraite ; seize étaient morts.

Seize décès sur trente-trois officiers d'une promotion et non des plus éprouvées, en moins de vingt-cinq années! Plus de cinquante pour cent dans le temps minimum nécessaire pour acquérir des droits à la retraite!

Environ cinquante pour cent de ceux ayant échappé au Minotaure prenant leur retraite entre quarante et cinquante ans, dans la force de l'âge et de l'expérience!

L'infanterie coloniale se compose de cent six bataillons européens ou indigènes dont trente-six seulement sont stationnés en France; pour les commander elle possède cent quatre-vingt-huit chefs de bataillon, soit, en tenant compte des besoins des états-majors, un excédent de soixante officiers de ce grade, un tiers environ, afin de leur assurer en France un repos suffisant entre deux séjours coloniaux. Mêmes excédents pour les autres grades.

Et, cependant, malgré les énormes sacrifices pécuniaires que représentent ces accroissements d'effectifs inutiles au point de vue purement militaire, cinquante pour cent de décès avant le temps d'une retraite même prématurée, cinquante pour cent de retraites prématurées pour usure!

Pareil système est-il défendable?

En résumé, les très nombreux officiers minés par les fatigues du service aux colonies ou gravement atteints par une maladie contractée dans les pays chauds, n'évitent une mort presque certaine qu'en démissionnant ou en prenant leur retraite s'ils y ont déjà droit.

Mais la démission n'est possible que pour ceux qui possèdent quelque aisance, ou pour ceux — en nombre infime — qui sont assurés d'une situation dans la vie civile. Les autres, je l'ai dit, sont condamnés à mort, puisqu'ils n'ont aucun moyen d'éviter un nouveau séjour aux colonies qui doit leur être fatal. Quels services rendront-ils à la tête de leur troupe durant leur longue agonie?

Malgré les efforts méritoires faits en ces dernières années par le ministère de la Guerre sous la poussée généreuse du général Famin[1], la situation est restée telle qu'elle était il y a dix ou quinze ans. Les besoins nouveaux aux colonies ont crû plus rapidement que les cadres ne se sont augmentés.

1. Directeur des troupes coloniales au ministère de la Guerre depuis 1900.

Les mesures ordonnées dans les limites si restrictives de la loi de 1900 n'ont même pas agi en palliatif sensible, malgré l'augmentation considérable de dépenses qu'elles ont entraînée.

Pour mieux assurer la relève et pour laisser au personnel de l'armée coloniale le temps de se refaire quelque peu en France entre deux séjours aux colonies, on a créé un cadre complémentaire qui atteignait au début le tiers de l'effectif total. Grâce à ce surcroît d'effectif les officiers subalternes devaient être assurés d'une période de deux années de service continental interrompant le service colonial, les officiers supérieurs d'une période de trois années. Mais l'augmentation des corps et des services coloniaux a été constante depuis lors; n'ayant pas eu pour corollaire une augmentation correspondante des cadres en France, il est arrivé que les limites minima de deux et trois ans de séjour en France n'ont jamais été atteintes ; on a constamment vu, depuis la loi de 1900, les colonels rembarquer après dix-huit ou vingt mois, les lieutenants-colonels et les chefs de bataillon après quinze ou dix-huit mois, les capitaines et les lieutenants douze ou quinze mois seulement après leur débarquement.

Les règlements existants prévoient bien que l'officier qui n'est pas en état de santé suffisant pour suivre son tour de départ, sera ajourné à six mois, après avis conforme du conseil de santé ; cet ajournement pourra même être porté à une année dans les cas graves. Mais, les officiers tiennent à honneur de ne pas se présenter devant ce conseil ; il leur semble, si fatigués, si usés soient-ils, que le fait de chercher à reculer leur tour de départ est une sorte de carotte dont la conséquence immédiate est de faire marcher leurs camarades à leur place. Au reste, useraient-ils de cette faveur, qu'au bout de l'an, s'ils ne sont pas rétablis, la non-activité les guette, et, trois ans après, la réforme.

Maintes fois j'ai poussé ceux de mes camarades qui étaient sous mes ordres et qui, touchés par un ordre de départ, n'étaient pas véritablement en santé suffisante pour s'y conformer, à se présenter devant le conseil de santé. Je dois à la vérité de dire que mes efforts pour leur faire demander un sursis ont toujours été inutiles; seuls, ceux qui n'auraient pu se traîner au port d'embarquement se rendaient à l'hôpital.

Ce sentiment est irréductible. Il faut en prendre son parti et ne pas compter sur l'efficacité de cette demi-mesure de charité qu'un esprit d'abnégation et de dévouement admirable fait repousser par les intéressés.

Car, en effet, ce n'est qu'une demi-mesure, un quart de mesure même; au reste, la seule possible en l'état de la législation actuelle.

Les cas que je vise sont ceux des officiers à qui une maladie grave et rebelle interdit tout nouveau séjour colonial : maladies de foie, dysenteries chroniques, fièvres intermittentes, gastro-entérites d'origine paludéenne ; que sais-je encore?

En quoi seraient-ils sauvés parce qu'au lieu de rester quinze ou dix-huit mois en France, ils jouiraient des deux années entières, minimum promis mais jamais octroyé, de séjour métropolitain?

A l'inefficacité de ces demi-mesures s'ajoute, en plus des dépenses élevées qu'elles occasionnent, une perturbation constante dans le commandement des diverses unités en France.

Veut-on savoir, par exemple, comment se répartit au point de vue du service le séjour d'un capitaine dans la métropole? A son débarquement il reçoit un congé de trois mois presque toujours prolongé d'une nouvelle période égale; ces six mois écoulés, il rejoint son régiment et prend le commandement d'une compagnie. Mais, comme les officiers de son grade ne séjournent en Europe guère plus de seize mois, neuf mois après sa prise de commandement il reçoit une destination coloniale en même temps qu'une permission de trente jours pour régler ses affaires personnelles avant son embarquement.

Ce capitaine a donc commandé sa compagnie pendant trois trimestres. Ses lieutenants, dont le tour de départ est tout aussi accéléré, ont changé au moins une fois dans le même temps. Il en a été de même pour les sous-officiers.

Mêmes mouvements dans l'état-major du régiment, sauf pour le major, le trésorier et leurs sous-ordres immédiats.

Comment, dans de pareilles conditions, une troupe peut-elle être disciplinée, instruite, en cohésion, si, de plus, cette troupe est aussi fâcheusement recrutée que l'est actuellement l'armée coloniale. « Une partie de ma compagnie a plus ou moins couché sous les ponts », me disait récemment un capitaine.

On le voit, à tous points de vue, il faut en finir avec ce système. Sacrifices inutiles de vies humaines, dépenses exagérées; désorganisation des cadres; c'est vraiment trop. A de semblables résultats comment ne jugerait-on pas sa valeur?

Il est, pour mettre fin à ce gaspillage de forces et de moyens, deux méthodes, qui, toutes deux, font appel aux ressources en personnel de l'armée continentale. Il n'existe que ces deux méthodes.

La première consiste à fondre l'armée coloniale dans le grand tout de l'armée nationale qui alimentera directement en cadres et en hommes les troupes stationnées dans nos colonies. Toute logique que paraisse cette solution, son application ouvre cependant tant de problèmes nouveaux qu'elle demande une étude spéciale de grande envergure. Elle détruit toute l'organisation actuelle; elle touche au problème de la défense continentale de la France. Je puis dire, dès maintenant, qu'elle seule cependant permet une large économie des vies humaines et des millions si malencontreusement gaspillés. L'heure où sera reconnue l'hérésie qui est la base fondamentale de l'armée coloniale sonnera je pense bientôt. Il sera temps alors de jeter bas un édifice dont les fondements sont les pilotis vermoulus sur lesquels la marine de 1830 avait assis sa conception d'une infanterie et d'une artillerie de marine destinées à l'usage de ses ports, de ses escales lointaines et aussi de garnison à bord de ses navires.

Dès à présent, il ne s'agit que de renouveler, lorsque besoin en est, le sang trop appauvri — et je parle sans métaphore — du cadre de l'armée coloniale.

Il vient à l'esprit de tous un moyen très simple, très logique et fort naturel : faire passer dans l'armée continentale le personnel qui ne peut plus, sans danger, retourner aux colonies, et l'y remplacer par des cadres tirés de cette même armée.

Mais comme cette solution est celle du bon sens, elle a toujours été repoussée avec une curieuse unanimité, non seulement par les parlementaires, mais encore par les intéressés. On prétend voir poindre avec elle un régime de favoritisme tout puissant et une diminution de la valeur des cadres de l'armée coloniale.

De favoritisme, parce que le ministre de la Guerre enverra aux colonies ses créatures pour les faire avancer; d'amoindrissement de la valeur des cadres, parce qu'il y expédiera également les officiers dont il voudra se débarrasser et qui, généralement, seront loin d'être une élite.

L'armée coloniale ajoute à ces griefs l'assurance que son avancement en sera compromis. « Notre avancement, dit-elle, est basé sur la mortalité excessive qui frappe nos officiers et sur le nombre extraordinaire de retraites prématurées ; allez-vous remplir les vacances ainsi créées par les frais nouveau-venus de l'armée continentale, et laisser se morfondre ceux qui ont peiné, souffert et dont les rangs ont été décimés en campagne? »

Nous verrons ce que valent ces objections; je crois pouvoir facilement en démontrer l'inanité. J'aurais pu le faire dès le début de cette étude. Mais il fallait particulièrement insister sur la nécessité d'une réforme que les intéressés eux-mêmes repoussent avec un tel parti pris.

Cette situation du cadre de l'armée coloniale, qui exige impérieusement de profondes modifications de l'organisation actuelle, semble encore si inconnue ou si mal connue, les causes qui l'ont créée paraissent si complètement ignorées de ceux-là même qui ont charge de surveiller le fonctionnement de la loi de 1900, les effets produits sont si déplorables, qu'il m'a semblé indispensable de les souligner d'un double trait.

Dans l'armée coloniale les morts vont vite, silencieusement, à rangs pressés; les millions s'engloutissent nombreux, inutilement. Cette tragédie éternelle se déroule derrière la « cloison étanche » imposée en article de foi par l'entêtement et par la routine. Hommes et millions disparaissent ainsi, cachés aux regards par le rideau d'obscurité épaisse qui plane encore en France sur les choses coloniales.

Cette cloison dont l'étanchéité est étouffante doit être jetée bas. Il fallait, pour le comprendre, que le navrant spectacle de mort et de gaspillage qu'elle occasionne soit mis en lumière crue.

L'armée coloniale presque entière se presse contre la porte de cette cloison qui la sépare de l'armée continentale pour empêcher qu'elle soit même occasionnellement entre-bâillée.

Nous avons vu les causes de cet entêtement à mourir étouffé par un air irrespirable qu'on s'obstine à ne pas vouloir oxygéner. La crainte du bon plaisir, la peur du favoritisme, et, par-dessus tout, une vive appréhension de ralentissement de l'avancement.

Ces appréhensions, ces craintes sont-elles fondées?

Pourquoi le ministre de la Guerre, qui a droit absolu de mutation sur les officiers de l'armée continentale, qui peut les envoyer à son gré de Dunkerque à Paris, à Briançon ou dans le Sud-Oranais, ne pourrait-il pas également envoyer ces mêmes officiers à la Martinique ou au Tonkin? Il peut faire d'un officier de ligne un zouave, un turco, tout aussi bien qu'un chasseur à pied; et il ne peut pas en faire un « marsouin » !

Le favoritisme, le bon plaisir ne peuvent-ils s'exercer aussi bien dans un cas que dans l'autre?

Mais serrons la question de plus près.

Actuellement, un officier de l'armée coloniale, abattu par le service d'outre-mer ou atteint d'une maladie qui le rend impropre à ce service, ne peut passer dans l'armée continentale que s'il trouve un permutant volontaire. Dans les grades élevés ce permutant ne se rencontre jamais.

Alors, que faut-il faire? Qu'il soit versé dans cette armée d'office, avec ou contre son gré, sur la constatation de son état physique. Il sera remplacé dans l'armée coloniale par un officier de l'arme correspondante pris dans le cadre métropolitain sur une liste de volontaires pour les colonies ; à défaut d'officier de son grade inscrit sur cette liste, le remplacera celui qui figurera en tête des officiers inscrits d'office à chaque inspection générale sur une liste spéciale.

J'admets volontiers que les noms s'allongeront nombreux sur l'état des bas grades, particulièrement sur celui de lieutenant, et qu'ils seront d'autre part fort rares dans le grade de commandant ; un lieutenant-colonel ou un colonel, *a fortiori* un général, y seront habituellement introuvables.

Il est évident qu'en l'état actuel des esprits, alors qu'aucun de nos officiers supérieurs ou généraux de l'armée continentale n'a envisagé l'idée même imprécise de la possibilité d'un départ aux colonies, — alors que chacun d'eux a la mémoire farcie des holocaustes qui ont décimé ses camarades de promotion entrés autrefois dans l'infanterie ou dans l'artillerie de marine —, pas une voix ne répondra à l'appel de service pour Madagascar, pour le Soudan ou même pour toute autre colonie.

Plus tard, lorsqu'on saura par expérience qu'on revient de ces pays lointains, lorsqu'on sera fait à l'idée qu'on peut y être envoyé, lorsqu'on n'ignorera plus que ces séjours coloniaux offrent certains avantages de solde, de bien-être et d'avancement, et qu'ils ne sont dangereux que par leur répétition inexorable, les volontaires, même dans les grades élevés, ne seront plus une exception.

Sans escompter ce temps peut-être encore éloigné, je veux m'en tenir à la situation présente.

Pour les lieutenants, rien de plus simple : une liste où les volontaires reconnus aptes au service colonial sont inscrits dans l'ordre de date de leur demande. Cette liste elle-même, afin de sauvegarder les droits d'avancement de l'armée coloniale, ne comprenant que des lieutenants de l'armée métropolitaine d'une ancienneté inférieure à celle maximum des lieutenants coloniaux. Elle pourrait être scindée en trois portions, chacune de celles-ci englobant des officiers d'une ancienneté de grade à peu près semblable : lieutenants de un à deux ans de grade, lieutenants de trois à quatre ans de grade, lieutenants de cinq à six ans de grade, de façon à toujours remplacer un officier de l'armée coloniale par un officier métropolitain d'une ancienneté à peu près équivalente.

Dans les grades supérieurs, en outre de cette liste de volontaires rarement suffisante, une liste d'officiers aptes au service colonial serait dressée dans les mêmes conditions de fragmentation au point de vue de l'ancienneté dans le grade. Seraient inscrits les premiers sur cette liste les officiers nouveaux promus, les célibataires ensuite, puis, après eux, les officiers mariés sans charge de famille. Ceux qui allégueraient des raisons de santé pour éviter leur incription seraient présentés d'office à un Conseil de santé qui statuerait non seulement sur l'impossibilité où ils se trouveraient d'aller aux colonies, mais encore sur leur état de santé au point de vue d'une campagne d'Europe, voire de leur rendement physique dans les occupations fatigantes de la vie militaire du temps de paix.

C'est dans les bas grades que la mortalité est la plus élevée aux colonies. Il se fait entre vingt et trente ans une sélection qui ne laisse survivre que les tempéraments qui se sont adaptés au climat des tropiques. Mais, c'est à partir de trente-cinq ans que les maladies rédhibitoires ou chroniques font leur apparition, que l'usure se fait sentir. Le cadre des officiers supérieurs est particulièrement éprouvé de ce chef; c'est donc ce cadre à qui il importe d'infuser du sang plus riche en globules rouges. Ce seront donc les officiers supérieurs de l'armée de terre qui auront à supporter le poids le plus lourd des désignations volontaires ou d'office.

Je ne dirai pas que leur patriotisme les aidera à supporter cette charge, car il ne peut être ici question de sentiments; les questions de convenances personnelles cessent d'avoir une valeur lorsque l'intérêt général est en jeu. Or, il l'est ici doublement : d'abord il est inadmissible que les officiers de l'armée française — car il n'y a qu'une armée en France, il ne faut pas l'oublier — il est inadmissible, dis-je, que ceux de ses officiers qui appartiennent aux troupes coloniales continuent à être condamnés à mort dans les cas trop nombreux que j'ai détaillés; il est inadmisible que, pour adoucir leur sort sans cependant l'améliorer grandement, l'État gaspille inutilement les millions;

alors que, dans la masse des officiers des armes métropolitaines, on peut puiser une relève intarissable. Là est l'intérêt général. Il est encore dans ce fait que la perspective d'un départ possible aux colonies où l'on a quelques chances de faire campagne, de faire acte de vouloir, de décision et d'énergie, diminuera la tendance de nos officiers supérieurs et généraux à trop s'embourgeoiser dans les paisibles garnisons d'où ils ne sont jamais tirés que pour les bienfaisantes cures d'air vulgairement appelées « grandes manœuvres ».

Cette préoccupation d'une mobilisation personnelle possible aurait le grand avantage de ne pas laisser s'enfoncer trop profondément les racines que pousse une vie très réglée et facile dans le sol meuble d'une douce existence garnisonnière.

Les listes de disponibilité pour le service colonial seraient publiées et leur mise à jour régulièrement motivée. Il serait ainsi impossible qu'une désignation soit ordonnée sans que son bien-fondé puisse être facilement contrôlé par tous.

Ainsi seraient sauvegardées les questions d'avancement ; avec ce système, le bon plaisir ne pourrait que difficilement s'exercer, beaucoup plus difficilement certainement que dans les mutations entre officiers métropolitains et algériens.

Mais, je le répète, je ne considère cette mesure que comme transitoire. Son urgence s'impose parce que nous ne pouvons souffrir plus longtemps la perte inutile et inhumaine de tant de bons officiers ainsi que le gaspillage de si grosses sommes d'argent. Il s'écoulera plusieurs années encore avant qu'on adopte en France les rouages simplifiés qui, dans l'armée anglaise, dans l'armée hollandaise ou dans l'armée allemande, assurent la garde et la défense des colonies.

Le gouvernement et le Parlement doivent mettre à profit cette période transitoire pour rompre les vieux moules, pour abattre les vieilles barrières, les vieux préjugés dont celui de la « cloison étanche » est certainement le plus nuisible et le plus coûteux.

Il est de toute évidence que l'organisation actuelle de l'armée coloniale est vicieuse et donne de fâcheux résultats. Tout le monde est à peu près d'accord pour réclamer de profondes modifications à la loi de juillet 1900. Mais où l'on ne s'entend plus guère, c'est lorsqu'il s'agit de définir et de préciser ces modifications.

Combien intolérable la situation faite aux officiers condamnés à mort ou à une usure prématurée par ce principe de la « cloison étanche » qui leur refuse toute issue vers l'armée de terre! J'ai dit aussi la composition lamentable des corps en hommes de troupe.

Il est cependant une quantité considérable d'inventeurs de panacées grâce auxquelles l'armée coloniale fortifiée et assainie serait mise à même de remplir plus complètement son rôle. Quelques-uns, véritables rebouteux, proposent des remèdes d'un empirisme extravagant auxquels je ne m'arrêterai pas ; d'autres semblent compter pour rien l'argent gaspillé, alors cependant que l'armée coloniale n'est, de toute évidence, qu'une assurance pour la conservation de nos colonies, assurance dont naturellement le taux doit être strictement proportionné à la valeur de la chose assurée. Enfin, au-dessus de ces propositions quelque peu fantaisistes, une campagne a été menée dans la presse militaire et dans la presse coloniale sur la nécessité de réunir en une seule armée les troupes d'Algérie et les troupes coloniales. M. Messimy, auteur d'un intéressant projet de refonte de l'armée nationale — projet dans lequel bien des vues et des données sont à retenir — non seulement se prononce pour cette fusion, mais encore il en donne les moyens dans une partie très détaillée de son projet de loi.

Or, il serait dangereux de laisser s'établir, sans le combattre, un préjugé sur lequel reposent à peu près entièremeut les divers projets de fusion entre les troupes coloniales et celles d'Afrique. J'ai servi vingt-huit années dans les premières; j'ai eu plusieurs fois à étudier la question d'emplacements de ces troupes en France et en Algérie au point de vue des avantages sanitaires des diverses garnisons proposées ; étant à l'état-major général de la marine, j'ai fait partie des différents comités constitués en vue de la réorganisation des garnisons. Il me sera donc permis d'apporter dans cette question certaines données d'expérience. Elles prouvent jusqu'à l'évidence combien erronée est la théorie du séjour en climat chaud dans le but d'atténuer les effets morbides des climats tropicaux, de hâter les convalescences et de rendre aux corps épuisés par l'anémie la vigueur nécessaire pour affronter à nouveau l'usure physiologique et les dangers pathologiques des colonies.

Cette théorie repose sur deux affirmations prises en axiomes, spécieuses à la vérité, mais qu'il est facile de détruire par le raisonnement et par des faits.

Toute brusque transition de climat est pernicieuse, affirme-t-on, particulièrement pour les organismes débilités des gens qui ont fait un long séjour sous les tropiques. Pour ceux-ci, il y a grave danger à passer en quelques semaines des températures chaudes et molles de l'Indo-Chine par exemple, aux frimas du centre et du nord de la France. Les régions méditerranéennes, l'Algérie particulièrement, constituent la zone intermédiaire naturellement propice à remonter ces corps anémiés, usés, privés de la résistance suffisante pour supporter le coup de fouet du passage de la région torride en Europe centrale.

On déclare, d'autre part, que la chaleur continue n'est pas nuisible ; seule, la température lourde des tropiques amènerait l'usure dont souffrent les coloniaux et qu'ignorent généralement les Algériens.

Pour réduire à néant la première de ces affirmations, je pourrais me contenter d'en prier les auteurs de bien vouloir me suivre dans ces manœuvres d'automne où l'on voit, réunis en une seule brigade, des détachements de troupes coloniales des ports du Sud et de ceux du Nord. Là, il est facile de reconnaître à leur teint blême, à leur démarche traînante et fatiguée, les professionnels coloniaux officiers, sous-officiers et soldats, qui, à chaque retour des colonies, ont habituellement garnisonné à Toulon. C'étaient, jadis, des gars vigoureux et actifs, originaires en grand nombre des régions de l'Est de la France dont les races saines, robustes et entreprenantes fournissent une partie notable du recrutement colonial de Toulon; attirés, comme tous les gens des pays où la température est inclémente, vers le beau soleil du Midi, ils se sont fait attacher à ce port; au retour des colonies ils y sont revenus. Qu'en est-il résulté au point de vue de leur santé? Plus de 50 p. 100 n'ont pu y reprendre qu'imparfaitement les forces que leur aurait rendues l'air natal brutal mais vivifiant des Ardennes, des Vosges, du Jura ou des Alpes.

Que ne pourrait-on encore écrire, dans cet ordre de faits, pour prouver que les climats tempérés, les climats froids eux-mêmes sont les seuls qui possèdent la vertu de rendre au colonial les globules rouges qu'il a perdus? Est-ce que la centaine de milliers d'Anglais qui chaque année reviennent des Indes orientales ou occidentales vont se refaire sur les rivages méditerranéens? Et les Hollandais retour de Java, de Sumatra ou de Bornéo? Et les Allemands qui rentrent du Brésil?

Toute l'erreur de cette théorie vient de l'extension donnée à ses prémisses. Évidemdemment, une brusque transition de climat est à éviter pour des corps débilités, sensibles par suite à l'excès. Mais il y a deux phases dans le retour du colonial en France : celle du réacclimatement ou de la convalescence, et celle de la reprise de la vie normale. Et encore faut-il distinguer deux cas : le premier, celui de l'homme qui rentre en Europe atteint d'une maladie tropicale caractérisée, dysenterie, fièvres, hépatite ou autres ; le deuxième cas, le cas courant, celui où le sang est appauvri, l'anémie visible, la prostration physique ou morale, souvent les deux, évidente.

Or, c'est justement pour éviter aux rapatriés dont l'organisme les supporterait mal les variations de température de nos climats, que les hôpitaux de nos ports du Sud en retiennent au débarquement un certain nombre; c'est dans ce but que des dépôts ou des asiles de convalescents ont été créés à Nice, à Porquerolles, à Toulon et à Marseille. Un mois, deux mois, trois au plus acclimatent le nouveau venu assez pour qu'il puisse continuer sa route vers le Nord; et cependant, l'expérience a démontré que, dans bien des cas, cet arrêt dans la marche vers le pays natal était plus nuisible qu'utile.

Mais combien sont-ils ceux dont l'état de santé nécessite cette précaution? Quelques centaines à peine au regard des milliers de coloniaux de tout état qui, chaque année, regagnent leurs foyers directement et sans transition. Tout le monde sait que le nouveau débarqué qui a plusieurs centaines de louis en poche et qu'aucune obligation stricte ne retient ailleurs, court s'installer et se refaire à Paris. Et je parle de ceux seulement que préoccupent le souci de leur santé et le désir de se remettre sur pied, et non de cette très faible minorité de coloniaux, jouisseurs impénitents, qui ne voient de la capitale que ses distractions et ses plaisirs.

Qui ne sait que la plupart des maladies tropicales cèdent devant l'air vif des pays tempérés, et plus encore des pays froids? Lorsque je suis rentré en 1902 de la contrée Niger-Tchad, j'étais atteint d'une dysenterie aiguë et d'une anémie profonde. Réduit à l'état de squelette, je pesais quarante-cinq kilogrammes au lieu des quatre-vingts qu'indique ma taille. De Marseille, je me rendis d'un bond dans le nord de l'Allemagne afin de dépayser complètement mon mal; deux mois après mon débarquement j'avais regagné quinze kilogrammes et l'anémie avait disparu, quoique la dysenterie subsistât. Dans le même temps, un de mes jeunes camarades atteint avec moi du même mal, débarqué du même navire, et qui n'avait pas osé affronter cette brusque transition de climat, s'éteignit d'usure dans l'air chaud et tiède du Midi.

Au reste, qui irait réparer ses forces épuisées en Afrique? Est-il jamais venu en idée à un médecin d'envoyer ses malades anémiés se refaire à Alger ou à Oran? Et on veut que nos coloniaux se rétablissent non seulement dans les villes de la côte, mais même dans les garnisons du Sud-Algérien.

Déjà la cause me semble entendue. Mais, cependant, murmure-t-on encore, la continuité de chaleur n'est pas nuisible. Pour qui est en possession de toute sa force, de toute sa vigueur, je pourrais à la rigueur l'admettre. Et encore!

La fusion des troupes coloniales et des troupes d'Algérie peut être certainement basée sur des raisons plausibles d'économie, de bon ordre et de commandement; mais sur une raison de santé, jamais!

Cette question de santé est, au contraire,

une des plus graves et des plus solides objections qu'on puisse y faire.

Voilà donc une armée, celle destinée à tenir tête aux divisions japonaises, où la troupe est détestable, où les cadres minés par une réglementation absurde sont souvent incapables de la somme d'efforts physiques requise.

Je conviens qu'au point de vue cérébral professionnel la valeur de ces cadres, est, en revanche, aussi bonne qu'on peut le désirer. Pas pour tous cependant; pas pour tous les jeunes officiers. Le dressage de ces derniers s'est fait dans des écoles où la question coloniale n'existe pas; il est donc nul chez les sous-lieutenants nouveaux promus, en tant qu'éducation spéciale appropriée aux rôles particulièrement auxquels ils sont destinés.

A une arme spéciale ne devrait-il pas correspondre une instruction spéciale?

J'ai lu quelque part que ces officiers, s'ils avaient subi ce dressage colonial, s'ils étaient doués de qualités d'énergie, de vigueur et de volonté suffisantes, s'ils étaient autant qu'on peut le souhaiter des connaisseurs d'hommes et des éducateurs, si, enfin, ils étaient des officiers coloniaux complets, arriveraient à mâter, à dresser les piteux éléments qui abondent dans les compagnies; avec cette pâte aigrie, tournée, décomposée, ils pétriraient le bon soldat de qualités différentes, mais équivalentes à celles du « marsouin » de l'ancienne infanterie de marine.

Or, notre officier de l'infanterie coloniale possède dans son ensemble toute la valeur désirable pour faire largement honneur au pays; il l'a trop prouvé pour que le fait soit même discutable. Mais comment pourrait-il « changer en or pur le plomb vil » qui lui est confié? A peine peut-il, par l'influence et l'autorité que lui donnent sur ses hommes sa vie passée toute de sacrifices, de dévouement et d'abnégation, refréner dans une certaine mesure leurs passions et leurs vices. Il se désespère de ne pas pouvoir plus. Mais, en vérité, il ne le peut, et nul ne le pourrait à sa place. Quels que soient les chefs, quels ques soient les sous-ordres, — et dans l'infanterie coloniale les uns et les autres, officiers et sous-officiers sont de premier ordre, — le mal que j'ai signalé restera entier tant que des modifications organiques profondes n'auront pas été apportées aux règles du recrutement de l'armée coloniale.

Le rapport du général Bazaine-Hayter sur l'instruction morale ne saurait atteindre les officiers coloniaux ; car, dès le début de leur carrière, dès la sortie de l'École ils doivent, non pas rejeter comme un vain bagage tout ce qu'ils ont appris à Saint-Cyr, mais y ajouter tant de données nouvelles d'expérience ou d'étude qu'une transformation complète se produit rapidement en eux.

Qu'on compare, après quelques années écoulées, deux lieutenants Saint-Cyriens tous deux, l'un de l'infanterie coloniale, l'autre de l'infanterie métropolitaine; la différence sera si complète qu'on pourrait douter qu'ils ont la même origine. Le premier, mûri au point d'en être sensiblement vieilli physiquement et cérébralement, est doté d'un sens pratique frappant, rien ne l'intéresse que les résultats; les moyens qu'il envisage pour atteindre un but n'ont rien de banal, ils sortent complètement des anciens cadres et des vieux moules; que ces moyens s'accordent bien ou mal avec les règlements, à peine en a-t-il cure; il ne voit que les résultats. Tout dans sa personne se ressent de cet esprit : son attitude, sa tenue, sa façon d'être vis-a-vis de ses chefs et envers sa troupe. La souplesse de vues et de conception, une décision et une vigueur peu communes dans l'exécution, et, par-dessus tout, un esprit d'initiative bravant les responsabilités, le mettent à mon sens bien au-dessus de l'officier métropolitain. C'est en effet avec ces qualités qu'on gagne les batailles.

Mais si, en plus de cette hardiesse d'esprit, l'officier colonial arrive après quelques années, par suite de l'expérience acquise, par ses travaux personnels, par le dressage reçu de ses chefs et par le contact avec ses camarades plus anciens, à acquérir la somme de connaissances spéciales qui lui sont indispensables aux colonies, combien cette tâche lui serait facilitée, combien d'erreurs et de fautes des tout jeunes officiers seraient évitées s'il recevait à l'École, Saint-Cyr ou Saint-Maixent, une instruction qui soit adaptée à son rôle futur.

Peut-être n'a-t-on pas remarqué, lors des expéditions au Soudan et au Tonkin, le nombre considérable de sous-lieutenants tués relativement au grade de lieutenant. Lieutenants et sous-lieutenants remplissent cependant les mêmes fonctions, et les premiers sont deux fois plus nombreux que les seconds ; or, dans le pourcentage des tués et des blessés la proportion est inversée. Il est inutile d'en chercher la cause ailleurs que dans l'inexpérience des sous-lieutenants. A Saint-Cyr, ils ont appris leur rôle et la guerre d'une certaine façon; aux colonies, cette guerre et ce rôle sont parfois si profondément modifiés que, sans expérience, le jeune officier livré à sa seule inspiration n'agit plus que sous la poussée de son ardeur qui le jette dans quelque guet-apens et met en situation difficile la troupe qui le suit.

En 1890, dans un ouvrage sur la tactique aux colonies, parmi les considérations générales que j'avais soumises à l'approbation du général Brière de l'Isle, j'écrivais :

« La conduite des opérations de guerre aux colonies réclame, d'une façon absolue, une expérience toute spéciale et totalement différente de celle que peut donner le maniement de la troupe en Europe, en paix comme en guerre. En restant dans le domaine stratégique et tactique, le seul que nous ayions parcouru, il nous paraît qu'un chef de colonne et ses sous-ordres doivent être rompus à des manœuvres d'un ordre particulier, nées de la force des choses, auxquelles l'étude et la pratique des règlements actuels et du dressage des Écoles militaires ne les ont nullement préparés.

« Il importe que les élèves-officiers qui ambitionnent de servir aux colonies connaissent théoriquement et pratiquement les formations spéciales, les manœuvres, les règles de logistique et de stratégie exigées par la nature des guerres coloniales. »

Il y a donc tout un corps de doctrine militaire coloniale à établir d'abord, puis à professer aux jeunes gens qui, à Saint-Cyr, ont choisi l'infanterie coloniale. Pour établir ce corps de doctrine il suffira d'étudier attentivement les comptes rendus officiels et surtout les récits particuliers qui abondent sur les opérations de guerre dans nos colonies ; on en déduira facilement un enseignement doctrinaire dont les grandes lignes seront exposées à tous les élèves, mais dont l'étude détaillée sera la part de la section spéciale coloniale que je voudrais voir créer à Saint-Cyr pour la deuxième année d'étude.

Un officier colonial est fort incomplet si, en outre des questions d'ordre purement militaire, il ne possède pas une connaissance sérieuse des grandes langues parlées par nos sujets indigènes, particulièrement de l'arabe, du mandingue, du peulh, du malgache et de l'annamite. Il doit, en outre, parler anglais et non allemand; car cette dernière langue ne sera peut-être, probablement même, jamais employée par lui, alors qu'en contact constant avec des officiers, des nationaux ou des sujets anglais ou avec des officiers japonais, l'ignorance de la première lui est une cause incessante de difficultés souvent graves.

L'étude approfondie de nos possessions d'outre-mer, de leur géographie, de leur histoire, de leur ethnologie, de leur valeur économique disséquée jusqu'à la connaissance de leurs ressources les plus diverses, est non moins indispensable.

Quels rôles divers l'officier perdu dans l'arrière-pays, en Indo-Chine particulièrement, n'est-il pas appelé à remplir? Pour assumer des tâches si complexes ou si différentes de celles de l'officier métropolitain il devra être tour à tour administrateur, ingénieur, parfois même médecin. Nombre de métiers devront lui être, sinon familiers, au moins connus suffisamment pour pouvoir surveiller ceux de ses hommes employés comme professionnels manuels sur les chantiers.

Tout cela est la matière d'un très vaste et très large programme qui ne peut évidemment se superposer à celui déjà très complet de Saint-Cyr; il peut être, si l'on veut, le lot spécial de la section d'élèves de deuxième année qui, en suite du premier classement annuel, auront demandé à servir dans l'infanterie coloniale. Mais ne vaudrait-il pas mieux astreindre les sous-lieutenants coloniaux nouveaux promus, artilleurs et fantassins, à suivre pendant une année les cours de l'École Coloniale? Là est la vraie solution.

Il est hors de doute que des officiers coloniaux préparés par cette École seraient adaptés, dès leur entrée en service, aux fonctions si diverses et aux nouveautés qui les attendent; on éviterait par ce moyen cette période de tâtonnement et d'apprentissage pendant laquelle nos jeunes officiers sont exposés à commettre bévues, erreurs ou fautes parfois irréparables.

L'importance de ce dressage spécial n'est pas douteux; un coup d'œil jeté sur les magnifiques résultats déjà obtenus par l'École Coloniale suffira pour s'en convaincre.

Il serait étonnant que les méthodes vraiment pratiques qui nous donnent des administrateurs coloniaux de choix ne produisent pas également d'excellents officiers coloniaux.

Ainsi, à notre armée coloniale, pour qu'en toute confiance nous la dressions devant les divisions japonaises de Port-Arthur, de Lyao-Yang et de Moukden, il faut assurer un recrutement vigoureux, des officiers familiarisés dès leur sortie de l'École aux choses coloniales et maintenus tout au long de leur carrière en tel état physique qu'ils soient toujours à même de résister aux fatigues et aux privations les plus déprimantes.

*
* *

Avant de conclure il est encore une grave question à soulever, question qui intéresse au plus haut point la défense de l'Indo-Chine.

Comment conserver en bon état de vigueur et de rendement les troupes européennes détachées dans cette colonie?

Il n'est qu'un moyen. Celui que l'expérience a dicté aux Anglais dans l'Inde : grouper les unités dans des sanatoria reliés par voie ferrée aux points de concentration.

Du choix plus ou moins heureux de ces sanatoria dépend la possibilité pour l'Européen de séjourner assez longtemps dans nos possessions d'outre-mer pour y faire œuvre utile; grâce à ce choix, s'il est judicieux, l'armée coloniale, tout en allégeant son budget d'importantes dépenses d'hôpital et de rapatriement, arrivera à maintenir de longues années, en garnison tropicale, des troupes maintenues assez en forme pour entreprendre à tout moment et sans trop de déchet des opérations de grande police ou de guerre.

Quoique ces avantages soient assez évidents pour que tout le monde les admette, on a jusqu'à ce jour très peu fait pour les réaliser. Seules, quelques-unes de nos vieilles colonies ont cherché à installer, sur les hauteurs, des établissements et des camps destinés à retenir pendant la mauvaise saison une partie du personnel européen, civil ou militaire. A la Réunion, les hauteurs de Salazie et de Saint-François ont été utilisées dans ce but; à la Martinique le cantonnement de Balata, à la Guadeloupe celui du camp Jacob, sont uniquement destinés aux troupes. En Indo-Chine, M. Doumer, que préoccupait la question des sanatoria, avait, dès 1898, ordonné de l'étudier dans toutes les provinces; les résidents devaient signaler les points de leur territoire qui leur paraîtraient propres à recevoir pendant toute l'année, ou pendant la mauvaise saison seulement, le personnel européen malade, anémié ou fatigué. Cette enquête ne donna pas de résultats satisfaisants, en ce sens qu'aucun des lieux proposés ne répondait aux desiderata que doit remplir un sanatorium judicieusement installé.

Ce serait mal connaître M. Doumer si l'on pensait qu'après avoir constaté le résultat à peu près négatif de ce premier essai il ait abandonné la partie. Des reconnaissances ordonnées par lui parcoururent les régions dont l'aspect orographique faisait espérer la découverte des plateaux salubres tant désirés. Le fameux mont Bavi, qui élève sa cime arrondie en plein delta tonkinois, ne fut pas oublié dans ces recherches, non plus que les plateaux et les cimes de la haute région montagneuse. Le choix du gouverneur général s'arrèta en principe au plateau de Lang-Biang, en Annam ; un projet de voie ferrée pour le relier au réseau général, et des plans d'installation furent immédiatement établis. Cela se passait en 1899.

Ce plateau de Lang-Biang paraît disposé par la nature pour offrir la plus grande quantité des qualités requises pour un sanatorium. Cependant, comme le principe lui-même de chacune de ces qualités est sujet à controverses, le choix de cet emplacement rencontre de nombreux détracteurs; dans la presse, dans l'administration, de véritables polémiques se sont élevées à son sujet, particulièrement au Tonkin. En dehors de la valeur technique même du plateau de Lang-Biang, beaucoup de Tonkinois lui reprochent de ne pas être situé au Tonkin, d'être même plus rapproché de la Cochinchine que de leur colonie. Peut-être est-ce là la cause du retard que subit l'ouverture des travaux d'installation.

Cependant, on ne saurait être partout à

la fois. Prise au point de vue tonkinois, la question reviendrait à créer, au lieu d'un sanatorium unique pour notre empire indo-chinois, des établissements spéciaux à chacune de ses colonies; quatre au moins : un pour le Tonkin, un pour le Laos, un pour l'Annam et un pour la Cochinchine. Évidemment, si nos finances nous permettaient d'aménager complètement quatre sanatoria au lieu d'un, et si la nature offrait dans chacune de ces contrées les emplacements désirables, une pareille solution serait parfaite.

Mais en est-il ainsi? Le nombre des entreprises diverses, toutes d'importance primordiale, qui grèvent présentement le budget de l'Indo-Chine, imposent une limite à leur ampleur. Qu'on installe d'abord un sanatorium modèle pour toute l'Indo-Chine; ce sera déjà un bienfait inestimable. Plus tard, lorsque l'ère de grande prospérité sera venue, rien n'empêchera de satisfaire le particularisme de chacune des colonies, et de les doter toutes également, si la chose est reconnue matériellement possible. En ce moment, le Tonkin revendique pour lui le choix de l'emplacement d'un établissement commun parce qu'il possède dans le delta le mont Bavi. Si les Tonkinois se plaignent de la situation géographique du plateau de Lang-Biang — placé cependant entre le Tonkin et la Cochinchine, quoique plus près de cette dernière — que diront alors les Cochinchinois du choix du Bavi?

Mais, il est une cause plus grave qui, en principe, fait repousser comme lieu de convalescence ou de cure des monts isolés tels que celui-ci.

On se fait habituellement une idée d'une simplicité trop primitive de ce que doit être un sanatorium colonial d'altitude. Il semblerait suffire que le point choisi soit à une altitude déterminée pour être dans des conditions acceptables. Ainsi, aux Antilles, où les sanatoria sont plutôt considérés comme des refuges contre la fièvre jaune que contre l'anémie et le paludisme, on admet que toute la zone située à plus de 500 mètres au-dessus du niveau de la mer est propice aux établissements sanitaires. Ailleurs, 1 000 mètres, 1 200 mètres, constitueraient l'altitude désirable aux convalescents du plat pays, quelle que soit du reste la situation climatérique générale. En un mot, l'altitude, si les facilités de communication et de ravitaillement sont suffisantes, serait la cause unique déterminante du choix d'un sanatorium.

C'est là un principe absolument faux; s'il était suivi, il occasionnerait de coûteux et pénibles mécomptes.

Il est admis que, aux colonies, dans la plupart des cas, l'altitude sera recherchée avant tout; cela se conçoit en raison de l'abaissement de température moyenne qu'elle procure. Mais d'autres conditions doivent être requises sans lesquelles l'altitude est plus nuisible qu'utile. Ces conditions sont, tout d'abord, une régularité de température suffisante pour ne pas exposer des organismes débilités dans toutes leurs parties à des variations journalières brusques dont les résultats seraient toute la gamme des maladies des voies respiratoires et des voies digestives, sans compter d'innombrables accès de fièvre. Pour les mêmes causes, les débilités de la plaine sont en danger constant dans une atmosphère humide et froide, dans les brouillards, dans les buées nuageuses épaisses des monts isolés.

Enfin, ces établissements de réfection physique, cérébrale souvent aussi, seront-ils des sortes de lazarets, moitié prison, moitié hôpital, où tous les ennuis de la vie en commun, d'une certaine discipline, d'un isolement complet de tout centre habité, créeront un état psychologique des plus contraires à un prompt rétablissement?

Il faut que les habitants de la colonie puissent se constituer dans les hauteurs un deuxième habitat dont le confort ne le cède en rien à celui dont ils jouissent dans leur vie habituelle; ces sanatoria sont de véritables villes à créer de toutes pièces. Leur organisation dépend, en premier lieu, de l'administration de la colonie qui établira très au large le plan de la ville future; celle-ci sera dotée de larges avenues, de vastes squares et de grands parcs; la colonie construira les voies d'accès, les casernements, les hôpitaux, les villas destinées à recevoir officiers et fonctionnaires; elle établira les bureaux de poste, les offices divers, en un mot tout l'outillage administratif nécessaire à la vie normale des futurs occupants. L'initiative privée fera le reste : hôtels, maisons de famille, villas, habitations particulières. C'est ainsi que, dans la chaîne de l'Himalaya, sur de larges contreforts formant plateaux, abrités des vents du Nord et des brouillards, s'étendent de confortables villes de cures que fréquente en toute saison la population européenne de l'Inde anémiée ou usée par le climat de la plaine.

L'emplacement favorable à l'établissement de semblables sanatoria ne peut donc être l'étroit plateau d'un mont isolé balayé par tous les vents, inondé une partie du jour par les nuages et les brumes. Ce doit être au contraire toute une région qui, en outre des conditions climatériques requises, sera assez étendue pour permettre la création d'une ou de plusieurs villes, des villages et des hameaux dont les ressources agricoles et de main-d'œuvre sont indispensables aux premières. Une voie ferrée et des routes carrossables la sillonneront ; elles conduiront aux points pittoresques qui peuvent être d'agréables buts de promenades; des hôtels spéciaux situés à des altitudes et dans des conditions climatériques diverses seront également reliés par elles aux principaux centres.

Le plateau de Lang-Biang, en Annam, suffisamment central par rapport aux trois colonies qu'il desservirait, et les plateaux du Yun-nan très excentriques et encore mal étudiés à ce point de vue spécial, répondent à l'ensemble de ces conditions.

Or, au point de vue stratégique, seul le premier emplacement est à retenir. En effet, la condition *sine qua non* d'un sanatorium général des troupes blanches est qu'il soit en situatien aussi centrale que possible; qu'il soit, d'autre part, relié dans les divers sens aux points de concentration par des voies ferrées.

Une commission que présidait le gouverneur général, accompagné du général inspecteur d'armée Voyron, a reconnu l'excellence du plateau de Lang-Biang à tous ces points de vue; elle vient d'inscrire, en tête du programme des voies ferrées à construire, les lignes annexes qui relieront ce plateau aux grandes lignes de l'Annam-Tonkin et de la Cochinchine.

Mais, ici encore, il faut une continuité de vouloir qui a manqué jusqu'à ce jour pour faire entrer définitivement ces projets de sanatoria, pendants depuis 1898, dans la voie des réalisations pratiques.

De la solution de cette question dépend cependant le rendement, bon ou mauvais, des troupes européennes que nous opposerons aux entreprises japonaises.

V

Conclusions.

Cette étude a prouvé, je l'espère, dans sa première partie, que nous devons tôt ou tard nous attendre à une agression du Japon en Indo-Chine ; elle montre dans sa deuxième partie que nous ne serions prêts en aucune façon à la repousser, si elle se produisait prochainement.

Mais je pense avoir aussi suffisamment expliqué qu'il nous est relativement facile de faire tête au danger japonais grâce à une série de mesures qui ne dépassent pas, en temps, en argent et aussi en moyens, des possibilités à tout prendre modestes.

Entretenir dans la métropole un état maritime qui nous maintienne la deuxième puissance navale du monde ; créer en Indo-Chine une escadre légère et une flottille de torpilleurs et de contre-torpilleurs, suffisantes pour interdire à l'ennemi les opérations préliminaires de concentration, d'attaque, et de débarquement ; appuyer cette marine locale de l'organisation côtière défensive et administrative nécessaire ; compléter et outiller entièrement nos places, points d'appui de la flotte ; apporter dans l'organisation de l'armée coloniale les retouches que la logique et le bon sens dictent, afin de la guérir des maux qui la mettent actuellement dans un état d'infériorité si visible vis-à-vis de l'armée japonaise.

Tout cela n'est point un programme qu'une nation comme la France puisse hésiter à entreprendre et à conduire rapidement à bonne fin, alors, surtout, que, quoiqu'extrêmement modéré dans les dépenses et dans les difficultés d'exécution, il paraît devoir être un palladium suffisant contre les ambitions du Japon.

Enfin, si la lecture de cette étude donne la conviction que cette puissance, aussitôt reposée des efforts de la dernière guerre, songera dès lors uniquement, par nécessité inéluctable, — cette nécessité de vie ou de mort que dicte la faim et contre laquelle rien ne prévaut, — à s'approprier l'Indo-Chine française, j'estimerai que je n'aurai pas fait œuvre inutile.

Je ne terminerai pas sans représenter encore une fois, à ceux qui toujours se récrient ou gémissent lorsqu'on demande à la métropole de consentir à de nouveaux sacrifices pécuniaires en faveur de nos colonies, combien cette dépense pour acquérir d'abord, pour semer ensuite, puis pour moissonner, enfin pour s'assurer son bien contre les risques de guerre, est mille fois justifiée.

Il suffit, pour s'en convaincre, de jeter un coup d'œil rapide sur ce qu'était hier « la plus grande France », sur ce qu'elle est aujourd'hui, sur ce qu'elle sera demain, si nous savons conserver intact notre domaine colonial actuel.

Le tableau de la France d'hier, je veux dire de celle que ma génération a trouvée en arrivant à l'âge d'homme, et celui de l'Empire français actuel, ont, dans leurs dimensions territoriales, des proportions si dissemblables que l'œil en est tout d'abord frappé.

En 1880, une France continentale exactement semblable à celle d'aujourd'hui, celle qu'a façonnée le traité de Francfort; mais, hypnotisée par l'idée de revanche, elle s'immobilise et use ses ressources et ses moyens en vue de la défense de son territoire que personne ne menace plus. Alors que tous les peuples cherchent à épandre au dehors de leurs frontières, au delà des mers, leurs énergies, leur commerce, les produits de leur industrie, et aussi le trop-plein de populations que la paix, le bien-être et une hygiène plus sévère accroissent au-dessus des besoins locaux, les Français d'alors se recroquevillent sur eux-mêmes; nous cuisons en quelque sorte dans notre jus, — qu'on me pardonne l'expression, — nous nous étiolons dans une lamentation monotone sur notre abaissement, sur notre déchéance.

Le peuple d'alors croit encore à la prochaine guerre ; dans les hautes sphères politiques on sait que cette éventualité n'est guère à craindre. Le parti au pouvoir entretient cependant cette croyance qui lui sert comme d'un frein vis-à-vis de toute tendance à l'action. Or, l'action, c'est la marche en avant des idées, c'est le remaniement de celles que ce parti professe.

Tout s'enchaîne. Pour qu'à une politique de stagnation, de piétinement au milieu de vieux rites et de concepts démodés où s'attardent maints Français, succède une politique jeune, vivifiante, alerte, tant de choses seront à changer que les gouvernants s'effraient. L'idée du dérivatif des énergies nationales vers les entreprises coloniales est bien venue à quelques-uns ; mais se lancer dans ces entreprises serait encore du mouvement, et tout mouvement ébranlera leur édifice politique suranné. Aussi, avec quelle discipline, avec quelle ténacité le parti conservateur, et j'entends par là les républicains tout autant que les monarchistes, s'efforce-t-il d'arrêter le courant d'opinion que Gambetta, Jules Ferry et Étienne se sont appliqués à diriger vers la création d'un vaste empire d'outre-mer qui compensera et au delà la perte des provinces de l'Est !

En ces temps si proches et si reculés déjà, en dehors de l'Algérie qui cherchait sa voie, et de nos vieilles colonies qui stagnaient dans une morne torpeur, le domaine colonial français n'existe qu'à l'état embryonnaire.

Le Sénégal et la Cochinchine seuls comptent comme possession de quelque avenir ; et encore, enserrées toutes deux par de vagues royaumes sur lesquels s'exerce l'action inlassable de l'Angleterre, non seulement elles ne semblent pas pouvoir s'étendre, mais encore leur situation économique est constamment menacée.

Étreinte entre la Tunisie et le Maroc, harcelée au Sud par des tribus que poussent parfois jusqu'aux frontières du Tell des menées étrangères, ou la haine du chrétien, gouvernée à la diable par les bureaux du ministère de la place Beauvau, l'Algérie est beaucoup plus un champ d'expériences qu'une colonie de rapport. Les millions s'y enfouissent improductifs ; son industrie est nulle, son commerce compte peu, la colonisation y est toute de façade, la population française augmente faiblement ; son outillage économique se réduit à quelques travaux de port urgents, à des tronçons de voies ferrées qui ne font pas leurs frais et à des embryons de route où la main-d'œuvre pénale militaire ne donne, pour un prix élevé, que d'insignifiants résultats. A vrai dire, à ce moment, l'Algérie ne rapporte guère que des campagnes et des droits à l'avancement au profit de l'armée puissante dont l'entretien ruineux résume tout l'effort de la métropole.

L'ensemble de nos colonies nous est ainsi d'un maigre produit. Le mouvement commercial atteint à peine deux cents millions ; il ne laisse qu'une bien faible marge aux bénéfices français que les dépenses dépassent dans la proportion du simple au double.

La superficie de tous nos territoires coloniaux réunis, l'Algérie excepté, n'égale pas celle de la France ; une population de deux ou trois millions d'habitants y est essaimée.

A peine un quart de siècle est-il écoulé, et le tableau change comme par magie.

En Afrique, un vaste empire est fondé qui s'étend des rives de la Méditerranée, — du golfe de Gabès à l'Atlantique, — à travers le Soudan jusqu'au golfe de Guinée, jusqu'au Congo; il embrasse d'un seul tenant un quart du continent noir. Madagascar, cette grande île dont l'étendue dépasse sensiblement celle de la France et dont, depuis 1642, nous revendiquions en vain la possession, est devenue domaine français ainsi que tous les archipels qui géographiquement en dépendent. Au débouché de la mer Rouge, sur l'océan Indien, notre port de Djibouti avec son chemin de fer qui bientôt plongera jusqu'au cœur de l'Abyssinie, fait de cette contrée riche d'avenir une de nos dépendances économiques.

Cet empire africain français, presque aussi étendu que toute l'Europe, n'est peuplé actuellement, à la vérité, que de quinze à vingt millions d'habitants. Mais, qui ne connaît la fécondité des races africaines et le développement rapide de leur population au cours des périodes de paix et de bien-être? Dans une génération, le chiffre de la population aura doublé; notre empire africain dénombrera, vers la fin de ce siècle, cent millions d'habitants!

Le commerce suivra la même marche ascendante rapide; son mouvement général, l'Algérie et la Tunisie non comprises, représente dès cette année un total qui approche le milliard. A quels hauts sommets de prospérité ne sommes-nous pas en droit d'espérer le voir monter lorsque population et moyens de production et d'échange auront plus que quadruplé? Est-ce être visionnaire que parler, avec MM. Paul Leroy-Beaulieu et Onésime Reclus, de centaines de millions d'habitants et de dizaines de milliards d'affaires pour le siècle prochain?

En Asie, notre empire indo-chinois dont les diverses parties ont été solidement agglomérées en un tout puissant, va se repeuplant d'année en année. L'Annamite est prolifique à l'égal du Chinois; les générations qui nous succéderont verront le surpeuplement de l'Indo-Chine avec cent millions d'habitants. Le budget de cette admirable terre se chiffrera alors par milliards et son commerce par dizaine de milliards. Placée entre les Indes et la Chine, elle en sera le grand emporium commercial. Sa prospérité dépassera tous les espoirs actuels si nous savons la garder contre les ambitions du Japon.

Et, ainsi, *si nous leur en garantissons la possession par une flotte puissante et par une armée coloniale solide*, nos arrière-petits-fils, les Français de l'an 2000, étendront leur hégémonie sur deux empires tout jeunes, vivaces, dont la richesse colossale sera pour le monde un sujet d'étonnement et d'envie.

TABLE DES MATIÈRES

CHAPITRE I. — La puissance japonaise......... 1
— II. — L'Indo-Chine menacée......... 51
— III. — Situation de l'Indo-Chine. Défense maritime.............. 111
— IV. — Défense terrestre. L'armée coloniale......................... 191
— V. — Conclusions.............. 267

807-06. — Coulommiers. Imp. PAUL BRODARD. — 7-06.

A LA MÊME LIBRAIRIE

Général Duchemin. — **Les Troupes Coloniales et la Défense des Colonies**; Paris, 1905, 1 vol. in-8 . . . . 4 fr.

Général Gallieni. — **Madagascar** : La Vie du Soldat. — Alimentation, logement, habillement, soins médicaux; Paris, 1905, 1 vol. in-8 avec cartes et plans . . . . 2 fr. 50

Lt-Colonel Bouliol. — **De l'organisation de l'Armée Coloniale**; Paris, 1904, 1 vol. in-8 . . . . 3 fr.

Captain Sorb. — **Quittons la Méditerranée et la Mer de Chine**. Routine et traditions navales. Paris, 1905, 1 vol. in-12 avec croquis . . . . 3 fr. 50

Capitaine Soloviev, du 34e régiment de tirailleurs de Siberie orientale. — **Impressions d'un Chef de Compagnie** (*Guerre russo-japonaise*). Traduit du russe. Paris, 1906, broch. in-8 . . . . 1 fr.

L'armée japonaise. — Notice publiée par le 2e Bureau de l'état-major de l'armée (février 1904). Paris, 1904, broch in-8. 75 c.

Capitaine Sauvage, breveté d'état-major. — **Le Transsibérien**; Paris, 1904, broch. in-8 avec nombreuses photographies. 2 fr.

Colonel comte Yorck de Wartenburg, chef de section du grand état-major allemand. — **La pénétration russe en Asie**; traduit par le capitaine Bégouen, des spahis sénégalais, breveté d'état-major; Paris, 1900, broch. in-8 avec carte. . . . 2 fr.

Lieutenant Sauvage, du 43e régiment d'infanterie. — **La guerre sino-japonaise**, 1894-1895; Paris, 1897, 1 vol. in-8 avec atlas in-folio, comprenant 7 cartes et plans tirés en 5 couleurs . . . . 10 fr.

Publié sous la direction du 2e Bureau de l'Etat-major de l'armée. — **L'armée russe après la Campagne de 1904-1905**, par le capitaine Patrice Mahon, du 30e régiment d'artillerie. Paris, 1906, 1 vol. in-8. . . . . 5 fr.

Publié sous la direction du 2e Bureau de l'État-major de l'armée. — **Les événements militaires en Chine**, par les capitaines Cheminon et Fauvel-Gallais, de l'Etat-major de l'armée. Paris, 1902, 1 vol. in-8 avec cartes et croquis. . . . . 4 fr.

Pierre Baudin. — **L'armée moderne et les états-majors** 5e édition. Paris, 1905, 1 vol. in-12 . . . . 3 fr. 50

George Duruy. — **L'officier éducateur** : Leçons faites à l'École Polytechnique. Paris, 1904, 1 vol. in-8. . . . . 3 fr. 50

Capitaine Charles Jacob, du 109e d'infanterie. — **Discours d'un Capitaine à ses soldats**, avec une Préface de M. Pierre Baudin. Paris, 1906, 1 vol. in-12 (*Couronné par l'Académie française*). 3 fr. 50

807-06. — Coulommiers. Imp. Paul BRODARD. — 7-06.

www.ingramcontent.com/pod-product-compliance
Ingram Content Group UK Ltd.
Pitfield, Milton Keynes, MK11 3LW, UK
UKHW020203250726
13967UKWH00003B/1243